गुणवत्तापूर्ण शिक्षा
सिद्धांत और व्यवहार

□□□

गुणवत्तापूर्ण शिक्षा

सिद्धांत और व्यवहार

(शिक्षकों, प्रशिक्षकों एवं शैक्षणिक प्रशासकों के लिए
अध्ययन एवं प्रशिक्षण सामग्री)

संपादक

विनोदानंद झा

प्रभात
पेपरबैक्स
www.prabhatbooks.com

प्रकाशक

प्रभात पेपरबैक्स

4/19 आसफ अली रोड, नई दिल्ली–110002

फोन : 23289555 • 23289666 • 23289777 ❖ फैक्स : 23253233

इ–मेल : prabhatbooks@gmail.com ❖ वेब ठिकाना : www.prabhatbooks.com

संस्करण

2018

मूल्य

एक सौ पचास रुपए

अ.मा.पु.स. 978-93-5186-988-7

मुद्रक

नरुला प्रिंटर्स, दिल्ली

———— ★ ————

GUNVATTAPOORNA SHIKSHA : SIDDHANT AUR VYAVAHAR
Ed. Vinodanand Jha

Published by **PRABHAT PAPERBACKS**
4/19 Asaf Ali Road, New Delhi-110002

ISBN 978-93-5186-988-7

₹ 150.00

''इनसान अकसर वही बनता है, जो वह अपने बारे में सोचता है। यदि सोचने लगूँ कि मैं कुछ नहीं कर सकता तो वाकई कुछ भी करने में असमर्थ रहूँगा, लेकिन जब मुझे यह विश्वास होगा कि मैं कर सकता हूँ तो मुझमें वह करने की योग्यता भी आ जाएगी, जो शुरू में मेरे पास नहीं थी।''

—महात्मा गांधी

बहुआयामी प्रयासों से संभव है गुणवत्तापूर्ण शिक्षा

बिहार के साथ बुद्ध और गांधी—दो महापुरुषों का संबंध गहरा है। आमतौर पर पूरे बिहार में शिक्षा के सभी आयोजन और कार्यक्रम बुद्ध और गांधी का नाम लेकर आरंभ होते हैं, परंतु इन दोनों महापुरुषों के नाम लेकर ही हम अपने कर्तव्य की इतिश्री मान लेते हैं। गांधी ने अशिक्षा को चंपारण की गरीबी, शोषण और पिछड़ेपन का प्रमुख कारण माना और 08.11.1917 से 19.11.1917 के बीच प्रयासकर मोतिहारी से 35 कि.मी. दूर बड़हरवा लखनसेन में प्रथम विद्यालय की स्थापना की। इस विद्यालय के संचालन का काम बंबई से आए इंजीनियर बबन गोखले, उनकी पत्नी अवंतिका बाई गोखले तथा गांधीजी ने अपने कनिष्ठ पुत्र देवदास गांधी को सौंपा। 99 वर्षों के बाद 2016 के बिहार में अब स्कूल हर पंचायत, हर गाँव में है और उसकी पहुँच अब घर--घर है। अपने गाँव के अपने विद्यालय में अपने ही गाँव-घर के शिक्षक नियुक्त हो गए हैं। भवन, मध्याह्न भोजन, निःशुल्क किताबें, पोशाक आदि भी सरलता से उपलब्ध हैं। बावजूद सभी प्रयासों के गुणात्मक शिक्षा की प्राप्ति एक चुनौती है। बच्चों की औसत उपस्थिति राज्य में 60 से 65 प्रतिशत के आस-पास है, परंतु गुणात्मक शिक्षा पहुँचाने में हम समर्थ नहीं हो पा रहे हैं। शिक्षा को सर्व शिक्षा में बदलने के प्रयास में अभी काफी कुछ करना शेष है।

पहला प्रश्न है, यह विद्यालय है किसका ? सरकार और प्रशासन अपने दायित्व से अलग नहीं हो सकते हैं, परंतु विद्यालय केवल शिक्षा-विभाग और सरकार का है, यह भाव उसे मजबूती नहीं देगा। शिक्षक, अभिभावक, जनप्रतिनिधि, पंचायत, गाँव, सबों को एहसास होगा कि यह विद्यालय हमारा है, तब हम ज्यादा मजबूती से पहल कर सकते हैं। शिक्षकों की कई समस्याएँ हैं, जिनको संवेदना के साथ,

प्राथमिकता के तौर पर हल करना आवश्यक है। हमारे कार्यालय उनकी सेवा के लिए तत्पर हों, वहाँ बेहतर कार्य संस्कृति हो, यह आवश्यक है, परंतु शिक्षक जब आक्रोश में हों, अपने अधिकार के लिए जागरूक हों और उनका गुस्सा बच्चों की पढ़ाई के लिए बाधक बने, ऐसी स्थिति में बच्चे 'गुरवे नमः' तक कैसे पहुँचेंगे?

सरकारी विद्यालयों के अधिकांश बच्चे सामाजिक, आर्थिक एवं शैक्षणिक रूप से पिछड़े वर्गों से आते हैं। कुछ माता-पिता अनपढ़ हो सकते हैं या वे रोटी की जुगाड़ में इतने बेचैन हैं कि घर पर बच्चों को सीखने में सहयोग-समर्थन नहीं दे सकते। ऐसे बच्चों के लिए हमें विशेष चिंता करनी होगी, साथ ही अशक्त बच्चों की शिक्षा को भी हमें चुनौती के रूप में स्वीकार करना होगा।

भाषा सीखने की समस्या के निदान हेतु प्रयोग के तौर पर हमने पूर्वी चंपारण के पाँच प्रखंडों में 'पढ़ो पूर्वी चंपारण' नामक कार्यक्रम चलाकर एक उल्लेखनीय सफलता प्राप्त की है, जिसका विस्तार सभी प्रखंडों तक करना होगा। शिक्षकों को सशक्त एवं सकारात्मक बनाते हुए पूरी कक्षा प्रक्रिया को इतना असरदार बनाना होगा कि आनेवाले वर्षों में स्वाभाविक रूप से बच्चे भाषा-गणित आदि विषयों में कक्षा के अनुरूप योग्यता प्राप्त कर लें।

आधुनिकता के साथ नकारात्मक मूल्य बोध भी समाज में सामने आ रहे हैं। स्वतंत्रता की जगह स्वच्छंदता, शांति के स्थान पर हिंसा, बुजुर्गों और महिलाओं के सम्मान में कमी समाज में दिखती है। मेहनत, नैतिकता और सादगी के साथ जीना कम लोगों को मान्य है। चालाकी और आवश्यक हो तो नियम तोड़कर लाभ लेने की प्रवृत्ति बहुत आम है। ऐसी प्रवृत्तियों के साथ अच्छी गुणात्मक शिक्षा भी समाजोपयोगी नहीं होगी। इसके लिए परिवार और विद्यालय को पहल करनी होगी। विगत वर्षों में पोशाक, छात्रवृत्ति, साइकिल आदि वितरण के क्रम में विद्यालयों में हुए हंगामे दोनों संस्थाओं की भूमिका पर प्रश्नचिह्न खड़ा करते हैं। पुराने समय में हम अपने घर में भी मास्टर साहब का नाम लेते ही बचपन की जिद को छोड़ देते थे। मास्टर साहब के नाम लेने मात्र से हमारा व्यवहार संयमित हो जाता। समय बदला, पिछले दशक में बच्चे यदि विद्यालय में शैतानी करते तो माता-पिता को स्कूल में बुलाया जाता, परंतु इधर इन दोनों की महत्ता घटी। साइकिल, पोशाक के लिए कुछ विद्यालयों में बच्चों ने शिक्षकों के साथ दुर्व्यवहार किया और विद्यालय की संपत्ति भी नष्ट कर डाली। कुछ स्थानों पर शिक्षकों ने भी नियम को तोड़ा और बच्चों के साथ स्थापित गुरु-शिष्य संबंध को तिरस्कृत किया। ये समस्याएँ गहरे चिंतन और संयमित व्यवहार की माँग हमसे करती हैं।

पढ़ाई में सिर्फ चीजों को दुहराना, रटना, पिछलग्गू बनना ज्ञानमूलक समाज

की रचना में मददगार नहीं होगा। सीखने में प्रश्न, समझ और विश्लेषण को प्रमुख स्थान देना होगा। कक्षा में सवाल उठाने के लिए माहौल बनाना होगा। सवाल इसलिए कि समझ नहीं बन पाई या पढ़ाई गई बात साफ नहीं हुई। छूट इस बात की भी होनी चाहिए कि विद्यार्थी शिक्षक के विचार और किताबों के पाठ पर भी सवाल खड़ा करने में सहमे नहीं। ज्ञान प्राप्ति में असहमति के लिए, सार्थक बहस के लिए एवं नए अनुसंधान और अन्वेषण के लिए स्थान हो।

कल तक शिक्षा के केंद्र में शिक्षक थे, परंतु अब विद्यार्थी केंद्र में हैं। अब शिक्षक दंड या सख्ती का प्रयोगकर चीजों को आगे नहीं ले जा सकते। आज उम्र से ज्ञान का संबंध पहले जैसा नहीं है। तथ्यों के, सूचना के विस्फोट के कारण कोई अब दावा नहीं कर सकता कि सिर्फ उम्र के कारण या पहले जन्म लेने के कारण वह अधिक जानता है। अब बातों को थोपना कठिन है, इसलिए काम विनम्रता से बनेगा। अब नया शिक्षक विद्यार्थी का बाप नहीं हो सकता। वह बड़े भाई या मित्र की भूमिका में अपने को तैयार करे, जो बच्चे को प्रोत्साहित करेगा, समझाएगा, उसके साथ दूरी तय करेगा। शिक्षक बच्चे के साथ मिलकर साझा समझ विकसित करेगा, ज्ञान का सृजन करेगा।

इस पुस्तक में प्रारंभिक स्तर पर गुणात्मक शिक्षा से संबंधित कुछ आलेख, प्रयोग, रचना को संकलित कर शिक्षकों को हम समर्पित कर रहे हैं। इन आलेखों के बहाने हम गुणात्मक शिक्षा के मुद्दे को उठाना चाहते हैं, परंतु यह अपने आप में एक बहुत छोटा प्रयास है। ज्यादातर सवाल अनुत्तरित रह गए हैं। मेरी कोशिश है कि इस पुस्तक के बहाने पढ़ने का, बहस करने का, विचार करने का और अंततः कुछ करने का सिलसिला चले। चिंतन-मनन अवश्य हो, परंतु अंतिम परिणति है—सपने को, सिद्धांत को, विचार को कार्यरूप देना। महात्मा बुद्ध की उक्ति उल्लेखनीय है, ''आप चाहे जितने भी पवित्र शब्दों को पढ़ या बोल लें, लेकिन जब तक उन पर अमल नहीं करते, उसका कोई फायदा नहीं है।'' आइए, मिलकर हम एक जोरदार, असरदार प्रयास करें।

इस पुस्तक की रचनाएँ विभिन्न स्रोतों, लेखकों, कवियों से प्राप्त की गई हैं, उन सभी के प्रति मैं हार्दिक कृतज्ञता ज्ञापित करता हूँ। शुभकामनाओं के साथ,

—विनोदानंद झा

अनुक्रम

शिक्षा के बारे में महात्मा गांधी के विचार

—आर.के. प्रभु एवं यू.आर. राव

शिक्षा

प्राचीन सूक्ति 'सा विद्या या विमुक्तये' आज भी उतनी ही सत्य है, जितनी कि पहले थी। शिक्षा से यहाँ आशय केवल आध्यात्मिक शिक्षा से नहीं है, न विमुक्ति से आशय मृत्यु के उपरांत मोक्ष से है। ज्ञान में वह समस्त प्रशिक्षण समाहित है, जो मानव जाति की सेवा के लिए उपयोगी है और विमुक्ति का अर्थ वर्तमान जीवन की भी सभी प्रकार की पराधीनताओं से मुक्ति। पराधीनता दो प्रकार की होती है—बाहरी आधिपत्य की दासता और आदमी की अपनी कृत्रिम आवश्यकताओं की दासता। इसी आदर्श की प्राप्ति के लिए किया गया ज्ञानार्जन सच्ची शिक्षा है।

जीने का ज्ञान

आज शुद्ध जल, शुद्ध पृथ्वी और शुद्ध वायु हमारे लिए अपरिचित हो गए हैं। हम आकाश और सूर्य के अपरिमेय मूल्य को नहीं पहचानते। अगर हम पाँच तत्त्वों पृथ्वी, जल, आकाश, अग्नि और वायु का बुद्धिमत्तापूर्ण उपयोग करें और सही तथा संतुलित भोजन करें तो हम युगों का काम पूरा कर सकेंगे। इस ज्ञान के अर्जन के लिए न डिग्रियों की आवश्यकता है, न करोड़ों रुपयों की। इसके लिए ईश्वर जाग्रत्

विश्वास चाहिए, सेवा करने का उत्साह चाहिए, पंचतत्त्वों से परिचय चाहिए और आहार विज्ञान की जानकारी चाहिए। इन्हें स्कूलों और कॉलेजों में समय बरबाद किए बिना भी अर्जित किया जा सकता है।

निरंतर शंका और शुद्ध जिज्ञासा किसी भी प्रकार के ज्ञानार्जन की पहली शर्त है। जिज्ञासा के मूल में विनम्रता और गुरु के प्रति आदर भाव होना चाहिए। ध्यान रहे कि वह विकृत होकर उद्धतता में न बदल जाए। उद्धतता बुद्धि की ग्रहणशीलता की शत्रु है। विनम्रता और सीखने की इच्छा के बिना ज्ञान की प्राप्ति असंभव है। नए संसार की रचना के लिए शिक्षा भी नई तरह की होनी चाहिए। आदमी साक्षरता अथवा विद्वत्ता से आदमी नहीं बनता, बल्कि सच्चे जीवन के लिए ली गई शिक्षा से बनता है।

मेरा आग्रह है कि वयस्क मताधिकार के साथ-ही-साथ अथवा उससे भी पहले, सार्वजनीन शिक्षा की व्यवस्था की जानी चाहिए, जिसका पुस्तकीय होना अनिवार्य नहीं है, पुस्तकें तो संभवत: उसकी सहायक की भूमिका ही निभा सकती हैं। मेरा मानना है कि अंग्रेजी शिक्षा ने हमारे दिमागों को कंकाल बना दिया है, कमजोर कर दिया है और उन्हें साहसी नागरिकता के लिए कभी तैयार नहीं किया। मैं उन्हें समृद्ध भाषाओं में ऐसा पर्याप्त ज्ञान दूँगा, जिस पर कोई भी देश गर्व कर सके। यदि इसमें ईमानदारी और उत्साह हो तो नागरिकता के मर्म को समझने की शिक्षा अल्प समय में ही ग्रहण की जाती है।

श्रम की गरिमा

मेरी धारणा है कि चूँकि हमारा अधिकांश समय रोजी-रोटी के लिए श्रम करने में जाता है, इसलिए हमारे बच्चों को शुरू से ही इस प्रकार के श्रम की गरिमा का पाठ पढ़ाया जाना चाहिए। हमारे बच्चों की शिक्षा ऐसी नहीं होनी चाहिए कि वे श्रम को हेय समझने लगें। कोई कारण नहीं है कि किसान का बेटा स्कूल जाने के बाद खेतिहर श्रमिक के रूप में काम करना न चाहे, जैसा कि आजकल देखने में आ रहा है।

पुस्तकीय शिक्षा हाथ की शिक्षा के बाद आरंभ होनी चाहिए, हाथ मनुष्य को प्रकृति की ऐसी देन है, जो उसे पशु से भिन्न बनाती है। यह सोचना अंधविश्वास है कि पढ़ने-लिखने की कला जाने बिना मनुष्य का पूरा-पूरा विकास असंभव है। यह सही है कि पढ़ना-लिखना आने से जीवन की श्रीवृद्धि होती है, लेकिन यह किसी भी रूप में मनुष्य के नैतिक, शारीरिक अथवा भौतिक विकास के लिए अपरिहार्य नहीं है।

मेरी धारणा है कि बुद्धि की सच्ची शिक्षा केवल हाथ, पैर, नेत्र, कान, नाक आदि शारीरिक अंगों के उचित व्यायाम एवं प्रशिक्षण से ही प्राप्त की जा सकती है। दूसरे शब्दों में, बच्चे को उसके शारीरिक अंगों के बुद्धिमत्तापूर्ण उपयोग की शिक्षा देना ही उसकी बुद्धि का सर्वोत्तम और शीघ्रतम विकास करने की विधि है, लेकिन जब तक बुद्धि और शरीर के साथ-साथ, उसी गति से आत्मा की जागृति का काम भी नहीं चलता, तब तक विकास एकांगी ही सिद्ध होगा। आध्यात्मिक प्रशिक्षण से मेरा आशय है, हृदय की शिक्षा। इसलिए बुद्धि का उचित और समग्र विकास तभी हो सकता है, जब वह बच्चे की शारीरिक एवं आध्यात्मिक क्षमताओं की शिक्षा के समरूप प्रगति करे। यह सब एक अविभाज्य इकाई है। अत: इस सिद्धांत के अनुसार, यह समझना नितांत भ्रांतिपूर्ण है कि इनका विकास खंडश: अथवा एक-दूसरे से स्वतंत्र रूप में किया जा सकता है।

सामंजस्यपूर्ण मेल शरीर, बुद्धि और आत्मा की विविध क्षमताओं के बीच उचित समन्वय और सामंजस्य के अभाव के दुष्परिणाम स्पष्ट हैं। उन्हें हम अपने चहुँ ओर देख सकते हैं, बस यही कि अपने वर्तमान विकृत साहचर्यों के कारण हमें उनका बोध नहीं होता।

मनुष्य न केवल बुद्धि है, न निपट पाशविक शरीर और न केवल हृदय अथवा आत्मा। समग्र मानव इन तीनों के उचित और सामंजस्यपूर्ण योग से ही बनता है और शिक्षा की सच्ची योजना में इसी का समावेश होना चाहिए।

शिक्षा से मैं यह अर्थ लेता हूँ कि वह बच्चे और मनुष्य की काया, बुद्धि और आत्मा में जो कुछ श्रेष्ठ है, उसे समग्र रूप से उभार दे। साक्षरता न तो शिक्षा की परिणति है और न उसका आरंभ। यह तो केवल स्त्री अथवा पुरुष को शिक्षित करने के साधनों में से एक है। साक्षरता अपने आप में शिक्षा नहीं है। इसलिए मैं बच्चे की शिक्षा का आरंभ उसे किसी उपयोगी दस्तकारी को सिखाकर करूँगा और यह कोशिश करूँगा कि वह प्रशिक्षण आरंभ होते ही कोई-न-कोई चीज बनाने लगे। मेरी धारणा है कि शिक्षा की ऐसी प्रणाली के अंतर्गत बुद्धि और आत्मा का अधिकतम विकास किया जा सकता है। बस यह है कि आज की तरह दस्तकारी की शिक्षा केवल यांत्रिक रूप से न दी जाए, बल्कि वैज्ञानिक विधि से दी जाए अर्थात् बच्चे को हर प्रक्रिया के बारे में यह मालूम होना चाहिए कि वह किसलिए की गई। मैं शिक्षा के साहित्यिक पहलू की तुलना में उसके सांस्कृतिक पहलू को कहीं अधिक महत्त्व देता हूँ।

अक्लमंदी से किया गया उपयोगी शारीरिक श्रम बुद्धि के विकास का सर्वोत्तम

साधन है। शरीर, बुद्धि और आत्मा के सामंजस्यपूर्ण विकास से ही संतुलित बुद्धि का विकास संभव है, जो बुद्धि समाजोपयोगी श्रम के माध्यम से विकसित की जाएगी, वह सेवा का साधन बनेगी और उसे आसानी से भटकाया या गलत रास्तों पर नहीं डाला जा सकेगा।

नई तालीम

वही आधारभूत शिल्प शिक्षा का माध्यम बन सकता है, जो सार्वभौमिकता की कसौटी पर खरा उतरता हो। शिल्प, कला, स्वास्थ्य और शिक्षा, सभी को एक योजना में समन्वित कर देना चाहिए। नई तालीम इन चारों का एक सुंदर मिश्रण है और गर्भ-धारण से लेकर मृत्यु के क्षण तक मनुष्य की संपूर्ण शिक्षा को अपने में समाहित करती है, शिल्प और उद्योग को शिक्षा से भिन्न मानने की बजाय मैं उन्हें शिक्षा का माध्यम मानता हूँ।

मेरी नई तालीम धन पर निर्भर नहीं है। इसे चलाने का खर्च स्वयं शिक्षा-प्रक्रिया से ही निकल आना चाहिए। इसकी जो भी आलोचना हो, मैं यह जानता हूँ कि शिक्षा वही है, जो 'आत्मनिर्भर' हो।

इसे शिक्षा की नई पद्धति इसलिए कहते हैं कि यह विदेश से आयातित अथवा उनके द्वारा आरोपित नहीं है, अपितु भारत के पर्यावरण के अनुकूल है, जो ग्राम-प्रधान है। यह शरीर, बुद्धि और आत्मा, जिनसे मिलकर मनुष्य बना है, के बीच संतुलन स्थापित करने पर विश्वास करती है। यह पाश्चात्य शिक्षा जैसी नहीं है, जो प्रधानतया सैन्यवादी है, जिसमें मुख्य रूप से शरीर और बुद्धि की ओर ध्यान दिया जाता है और आत्मा को गौण समझा जाता है। सबसे अच्छा तरीका यह है कि शिक्षा हस्तशिल्पों के माध्यम से दी जाए। नई तालीम की दूसरी विशेषता यह है कि यह पूर्णतया आत्मनिर्भर है। इसलिए इसे चलाने के वास्ते करोड़ों रुपए खर्च करने की जरूरत नहीं है।

अध्यापक जो लेते हैं, वही उनकी कमाई है। नई तालीम जीने की कला की पक्षधर है। इसलिए अध्यापक और शिष्य, दोनों को सिखाने और सीखने की प्रक्रिया में ही कुछ उत्पादन करना पड़ता है। यह शुरू से ही जीवन को समृद्ध बनाती है। यह राष्ट्र को रोजगार ढूँढ़ने के झंझट से मुक्ति दिलाती है। हमारी शिक्षा पद्धति बुद्धि, शरीर और आत्मा, तीनों का विकास करती है। इसकी तुलना में सामान्य शिक्षा पद्धति केवल बुद्धि की ओर ध्यान देती है।

इसे आमतौर पर लोग हस्तशिल्पों के माध्यम से शिक्षा कहकर पुकारते हैं,

जो ठीक ही है, लेकिन यह सत्य का केवल एक अंश है। वस्तुतः नई तालीम की जड़ें और भी गहरी जाती हैं। वे मानव-क्रिया के प्रत्येक क्षेत्र में सत्य और प्रेम की प्रयुक्ति तक फैली हुई हैं। हस्तशिल्पों के माध्यम से शिक्षा देने की धारणा इस विचार से उद्भूत है कि जीवन के क्रियाकलाप सत्य और प्रेम से व्याप्त होने चाहिए। प्रेम की अपेक्षा है कि सच्ची शिक्षा सभी को सरलता से प्राप्य होनी चाहिए और वह प्रत्येक ग्रामवासी के दैनंदिन जीवन के लिए उपयोगी होनी चाहिए। ऐसी शिक्षा पुस्तकों से ग्रहण नहीं की जाती और न वह उन पर निर्भर होती है। इसका धार्मिक पंथों से भी कोई संबंध नहीं है। यदि इसका धर्म से कोई संबंध माना जा सकता है तो वह सार्वभौम धर्म है, जिससे सभी धार्मिक पंथ निकले हैं। इसलिए यह शिक्षा जीवन की पुस्तक से ग्रहण की जाती है, जिस पर कोई लागत नहीं आती और जिसे दुनिया की कोई ताकत नहीं छीन सकती।

विश्वविद्यालयी शिक्षा

विश्वविद्यालयी शिक्षा का ध्येय देश के लिए सच्चे सेवक तैयार करना होना चाहिए, जो देश की स्वतंत्रता के लिए जिएँ और मरें। इसलिए मेरी राय है कि विश्वविद्यालयी शिक्षा का बुनियादी शिक्षा के साथ समन्वय किया जाना चाहिए और यह उसी साँचे में ढली होनी चाहिए। जहाँ तक स्त्री शिक्षा का संबंध है, मैं निश्चयपूर्वक नहीं कह सकता कि यह पुरुषों की शिक्षा से भिन्न होनी चाहिए या नहीं और इसकी शुरुआत कब होनी चाहिए, लेकिन मेरी पक्की राय है कि स्त्रियों को भी पुरुषों के समकक्ष शिक्षा-सुविधाएँ मिलनी चाहिए और जहाँ आवश्यक हो, वहाँ उन्हें विशेष सुविधाएँ भी दी जानी चाहिए।

मैं अपने विद्यार्थियों के विदेश जाने का हिमायती कभी नहीं रहा हूँ। मेरा अनुभव है कि ये विद्यार्थी विदेशों से लौटने पर यहाँ के वातावरण में खप नहीं पाते। अनुभव वही सबसे मूल्यवान होता है और देश की समृद्धि में सर्वाधिक योगदान करता है, जो अपनी धरती से पैदा हुआ हो।

विद्यार्थियों के लिए संहिता

आंदोलन केवल उन लोगों के लिए है, जिन्होंने अपना अध्ययन पूरा कर लिया है। अध्ययन के दौरान विद्यार्थियों का एकमात्र कार्य अपने ज्ञान में वृद्धि करना होना चाहिए। देश में दी जानेवाली कई प्रकार की शिक्षा, देश की प्रगति को बढ़ानेवाली सिद्ध होनी चाहिए।

सर्वोपरि बात यह है कि विद्यार्थियों को विनम्र और सद्वृत्तियोंवाला होना चाहिए, सबसे महान् वही है, जो स्वेच्छा से निम्नतम स्थान ग्रहण करे। यदि मैं हिंदू आस्था के ज्ञान के आधार पर कह सकूँ तो विद्यार्थी का जीवन उसके अध्ययन की समाप्ति के समय तक संन्यासी जैसा होना चाहिए। उसे कठोर अनुशासन में रहना चाहिए। वह विवाह नहीं कर सकता, न दुराचरण में लिप्त हो सकता है। वह किसी तरह की नशीली वस्तुओं का सेवन नहीं कर सकता, उसका व्यवहार एक आदर्श संयमी जैसा होना चाहिए।

शिक्षा का माध्यम

शिक्षा के गलत अभारतीयकरण से करोड़ों छात्रों को जो निरंतर और अधिकाधिक हानि पहुँच रही है, उसके प्रमाण मैं नित्य देखता हूँ। हम यह समझने लगे हैं कि अंग्रेजी जाने बगैर कोई 'बॉस' नहीं बन सकता। इससे बड़े अंधविश्वास की बात और कोई नहीं हो सकती। जैसी लाचारगी के शिकार हम हो गए लगते हैं, वैसी किसी जापानी को तो महसूस नहीं होती।

शिक्षा का माध्यम तत्काल बदल देना चाहिए और प्रांतीय भाषाओं को हर कीमत पर उनका उचित स्थान दिया जाना चाहिए। हो सकता है, इससे उच्चतर शिक्षा में कुछ समय के लिए अव्यवस्था आ जाए, पर आज जो भयंकर बरबादी हो रही है, उसकी अपेक्षा वह अव्यवस्था कम हानिकर होगी।

प्रांतीय भाषाओं की प्रतिष्ठा और उनके बाजार-मूल्य को बढ़ाने के लिए मैं चाहूँगा कि प्रांत की कानूनी अदालतों की भाषा उस प्रांत की भाषा ही बना देनी चाहिए। प्रांतीय विधानमंडलों की काररवाई उसी प्रांत की भाषा में होनी चाहिए और अगर किसी प्रांत में एक से अधिक भाषाएँ प्रचलित हैं तो वह उन सभी भाषाओं में चलाई जा सकती है, केंद्र में सर्वोपरि स्थान हिंदुस्तानी को दिया जाना चाहिए।

मेरी राय में यह प्रश्न ऐसा नहीं है, जिसका निर्णय विद्वानों के ऊपर छोड़ दिया जाए, जब देश सचमुच स्वतंत्र होगा तो शिक्षा के माध्यम के प्रश्न का केवल यही एक हल होगा। विद्वान् लोगों का काम पाठ्यक्रम बनाना और उनके अनुसार पाठ्य-पुस्तकें तैयार करना होगा। तब आप देखेंगे कि स्वतंत्र भारत में शिक्षा ग्रहण करके, जो छात्र निकलेंगे, वे देश की आवश्यकताओं के अनुरूप होंगे। मुझे डर है कि जब तक हम पढ़े-लिखे लोग इस प्रश्न से खिलवाड़ करते रहेंगे, तब तक हम अपने सपनों के स्वतंत्र और स्वस्थ भारत का निर्माण नहीं कर सकेंगे। हमें कठोर प्रयत्न करके अपनी गुलामी के बंधनों को तोड़ना होगा, यह बंधन चाहे शैक्षिक हो,

आर्थिक हो या सामाजिक अथवा राजनीतिक हो। तीन-चौथाई लड़ाई तो प्रयत्नों में ही निहित है।

मुझे इसमें तनिक भी संदेह नहीं है कि जिन लोगों के हाथों में युवाओं की शिक्षा है, वे यदि निर्णय लेना चाहेंगे तो पाएँगे कि मातृभाषा मनुष्य के मानसिक विकास के लिए उसी प्रकार स्वाभाविक है, जिस प्रकार माँ का दूध शिशु के शरीर के विकास के लिए है। इसके अलावा कोई और बात हो भी कैसे सकती है ? शिशु अपना पहला पाठ माँ से सीखता है। इसलिए बच्चों के मानसिक विकास के लिए उनके ऊपर मातृभाषा के अलावा कोई और भाषा थोपना मैं मातृभूमि के विरुद्ध पापाचार समझता हूँ।

राष्ट्रभाषा

अत: प्रांतीय भाषा, केवल देवनागरी या उर्दू में लिखी गई हिंदुस्तानी ही हो सकती है।

अंग्रेजी को सांस्कृतिक अनधिकारग्राही मानकर देश से निकालने का आग्रह मैं उसी तरह कर रहा हूँ, जिस तरह हमने अंग्रेज अनधिकारग्राहियों के राजनीतिक शासन को सफलतापूर्वक देश से निकाला है। संबद्ध अंग्रेजी भाषा का वाणिज्य और कूटनीति की अंतरराष्ट्रीय भाषा के रूप में स्वाभाविक स्थान सदा बना रहेगा।

यदि प्रांतीय भाषाओं का अधिकतम उत्कर्ष करना है तो प्रांतों का भाषायी आधार पर पुनर्गठन आवश्यक है। हिंदुस्तानी भारत की राष्ट्रभाषा होगी, पर वह प्रांतीय भाषाओं का स्थान नहीं ले सकती। वह प्रांतों में शिक्षा का माध्यम नहीं बन सकती और अंग्रेजी तो कतई नहीं। उसका कार्य प्रांतों को भारत के साथ अपने आंगिक संबंध को समझने में मदद देना है।

अंग्रेजी भाषा

भारतीय मानस का अधिकतम विकास अंग्रेजी के ज्ञान के बिना संभव होना चाहिए। मेरा सुविचारित मत है कि अंग्रेजी की शिक्षा जिस रूप में हमारे यहाँ दी गई है, उसने अंग्रेजी पढ़े-लिखे भारतीयों का दुर्बलीकरण किया है, भारतीय विद्यार्थियों की स्नायविक ऊर्जा पर जबरदस्त दबाव डाला है और हमें नकलची बना दिया है, अनुवादकों की जमात पैदा करके कोई देश राष्ट्र नहीं बन सकता।

साहित्य

यह न समझिए कि मैं अंग्रेजी अथवा उसके उदात्त साहित्य की निंदा कर रहा हूँ। 'हरिजन' के स्तंभ मेरे अंग्रेजी-प्रेम के पर्याप्त प्रमाण हैं, लेकिन जिस प्रकार इंग्लैंड की शीतोष्ण जलवायु या दृश्यावली का लाभ भारत नहीं उठा सकता, उसी प्रकार उसका उदात्त साहित्य भारत के काम नहीं आ सकता। भारत को अपनी ही जलवायु, अपनी ही दृश्यावली और अपने ही साहित्य में पनपना होगा, भले ही ये इंग्लैंड की जलवायु, दृश्यावली और साहित्य से कमतर हों। हमें और हमारी संतानों को अपनी ही विरासत पर अपनी प्रगति का प्रासाद खड़ा करना है। यदि हम किसी दूसरे की विरासत उधार लेंगे तो अपनी विरासत को खो बैठेंगे। हम पराया अन्न खाकर कभी नहीं पनप सकते। मैं चाहूँगा कि हम अंग्रेजी और उसी प्रकार विश्व की अन्य भाषाओं के उत्कृष्ट साहित्य को भारतीय भाषाओं के माध्यम से पढ़ें। मुझे रवींद्रनाथ की अनुपम कृतियों का रसास्वादन करने के लिए बँगला सीखने की आवश्यकता नहीं है। उन्हें मैं सुंदर अनुवादों के माध्यम से पढ़ सकता हूँ। टॉल्सटॉय की लघु कथाओं का आनंद लेने के लिए गुजराती लड़के-लड़कियों को रूसी भाषा नहीं पढ़नी पड़ती। उन्हें वे अच्छे अनुवादों के माध्यम से पढ़ सकते हैं, अंग्रेजों को इस बात का गर्व है कि विश्व का सर्वोत्तम साहित्य प्रकाशन के एक सप्ताह के अंदर-अंदर राष्ट्र को सरल अंग्रेजी में उपलब्ध हो जाता है, तो फिर, मुझे शेक्सपियर और मिल्टन का साहित्य पढ़ने के लिए अंग्रेजी सीखने की आवश्यकता क्यों होनी चाहिए?

□

शिक्षा

—स्वामी विवेकानंद

जानना यानी प्रकट करना

मनुष्य की अंतर्निहित पूर्णता को अभिव्यक्त करना ही शिक्षा है। ज्ञान मनुष्य में स्वभाव-सिद्ध है; कोई भी ज्ञान बाहर नहीं आता; सब अंदर ही है। हम जो कहते हैं कि मनुष्य 'जानता' है, यथार्थ में, मानवशास्त्र-संगत भाषा में, हमें कहना चाहिए कि वह 'आविष्कार करता' है, 'अनावृत' या 'प्रकट' करता है। मनुष्य जो कुछ 'सीखता' है, वह वास्तव में 'आविष्कार करना' ही है। 'आविष्कार' का अर्थ है, मनुष्य का अपनी अनंत ज्ञानस्वरूप आत्मा के ऊपर से आवरण को हटा लेना। हम कहते हैं कि न्यूटन ने गुरुत्वाकर्षण का आविष्कार किया, तो क्या वह आविष्कार कहीं एक कोने में न्यूटन की राह देखते बैठा था? नहीं, वह उसके मन में ही था। जब समय आया, तो उसने उसे जान लिया या ढूँढ़ निकाला। संसार को जो कुछ ज्ञान प्राप्त हुआ है, वह सब मन से ही निकला है। विश्व का असीम ज्ञान भंडार स्वयं तुम्हारे मन में है। बाहरी संसार तो एक सुझाव, एक प्रेरक मात्र है, जो तुम्हें अपने ही मन का अध्ययन करने के लिए प्रेरित करता है। सेव के गिरने से न्यूटन को कुछ सूझ पड़ा और उसने अपने मन का अध्ययन किया। उसने अपने मन में विचार की पुरानी कड़ियों को फिर से व्यवस्थित किया और उनमें एक नई कड़ी को देख पाया, जिसे हम गुरुत्वाकर्षण का नियम कहते हैं। वह न तो सेव में था और न पृथ्वी में केंद्रस्थ किसी वस्तु में।

समस्त ज्ञान अपने भीतर है

अत: समस्त ज्ञान, चाहे वह लौकिक हो अथवा आध्यात्मिक, मनुष्य के मन में है। बहुधा वह प्रकाशित न होकर ढका रहता है और जब आवरण धीरे-धीरे हटता जाता है, तो हम कहते हैं कि 'हम सीख रहे हैं'। ज्यों-ज्यों इस आविष्करण की क्रिया बढ़ती जाती है, त्यों-त्यों हमारे ज्ञान की वृद्धि होती जाती है। जिस मनुष्य पर से यह आवरण उठता जा रहा है, वह अन्य व्यक्तियों की अपेक्षा अधिक ज्ञानी है और जिस पर यह आवरण तह-पर-तह पड़ा हुआ है, वह अज्ञानी है। जिस पर से यह आवरण पूरा हट जाता है, वह सर्वज्ञ, सर्वदर्शी हो जाता है। चकमक पत्थर के टुकड़े में अग्नि के समान, ज्ञान मन में निहित है और सुझाव या उद्दीपक—कारण ही वह घर्षण है, जो उस ज्ञानाग्नि को प्रकाशित कर देता है। सभी ज्ञान और सभी शक्तियाँ भीतर हैं। मनुष्य की आत्मा से ही सारा ज्ञान आता है। जो ज्ञान सनातन काल से मनुष्य के भीतर निहित है, उसी को वह बाहर प्रकट करता है, अपने भीतर देख पाता है।

आत्मा में अनंत शक्ति है

वास्तव में कभी किसी व्यक्ति ने किसी दूसरे को नहीं सिखाया। हममें से प्रत्येक को अपने आपको सिखाना होगा। बाहर के गुरु तो केवल सुझाव या प्रेरणा देनेवाले कारण मात्र हैं, जो हमारे अंत:स्थ गुरु को सब विषयों का मर्म समझने के लिए उद्‌बोधित कर देते हैं। तब फिर सब बातें हमारे ही अनुभव और विचार की शक्ति के द्वारा स्पष्टतर हो जाएँगी और हम अपनी आत्मा में उनकी अनुभूति करने लगेंगे। वह समूचा विशाल वटवृक्ष, जो आज कई एकड़ जमीन घेरे हुए है, उस छोटे से बीज में था, जो शायद सरसों के दाने के अष्टमांश से बड़ा नहीं था। वह सारी शक्ति राशि उस बीज में निबद्ध थी। हम जानते हैं कि विशाल बुद्धि एक छोटे से जीवाणुकोष (protoplasmic cell) में सिमटी हुई रहती है। यह भले ही एक पहेली सा प्रतीत हो, पर है यह सत्य। हममें से हर कोई जीवाणुकोष से उत्पन्न हुआ है और हमारी सारी शक्तियाँ उसी में सिकुड़ी हुई थीं। तुम यह नहीं कह सकते कि वे खाद्यान्न से उत्पन्न हुई हैं, क्योंकि यदि तुम अन्न का एक पर्वत भी खड़ा कर दो, तो क्या उसमें से कोई शक्ति प्रकट होगी? शक्ति वहीं थी, भले ही वे अव्यक्त या प्रसुप्त रही हो, पर थी वहीं। उसी तरह मनुष्य की आत्मा में अनंत शक्ति निहित है, चाहे वह यह जानता हो या न जानता हो। इसको जानना, इसका बोध होना ही इसका प्रकट होना है।

पारदर्शक आवरण

अंत:स्थ दिव्य ज्योति बहुतेरे मनुष्यों में अवरुद्ध रहती है। वह लोहे की पेटी में बंद दीपक के समान है, थोड़ा सा भी प्रकाश बाहर नहीं आ सकता। पवित्रता और निस्स्वार्थता के द्वारा हम उस अवरोधक माध्यम की सघनता को धीरे-धीरे झीना करते जाते हैं और अंत में वह काँच के समान पारदर्शक बन जाता है। श्री रामकृष्ण लोहे से काँच में परिवर्तित पेटी के समान थे, जिसमें से भीतर का प्रकाश ज्यों-का-त्यों दिख सकता है।

बालक स्वयं अपने को सिखाता है

तुम किसी बालक को शिक्षा देने में उसी प्रकार असमर्थ हो, जैसे कि किसी पौधे को बढ़ाने में। पौधा अपनी प्रकृति का विकास आप ही कर लेता है। बालक भी अपने आपको शिक्षित करता है, पर हाँ, तुम उसे अपने ही ढंग से आगे बढ़ने में सहायता दे सकते हो। तुम जो कुछ कर सकते हो, वह निषेध-आत्मक ही होगा, विधि-आत्मक नहीं। तुम केवल बाधाओं को हटा दे सकते हो और बस, ज्ञान अपने स्वाभाविक रूप से प्रकट हो जाएगा। जमीन को कुछ पोली बना दो, ताकि उसमें से उगना आसान हो जाए। उसके चारों ओर घेरा बना दो और देखते रहो कि कोई उसे नष्ट न कर दे। उस बीज से उगते हुए पौधे की शारीरिक बनावट के लिए तुम मिट्टी, पानी और समुचित वायु का प्रबंध कर सकते हो और बस यहीं तुम्हारा कार्य समाप्त हो जाता है। वह अपनी प्रकृति के अनुसार जो भी आवश्यक हो, ले लेगा। वह अपनी प्रकृति से ही सबको पचाकर बढ़ेगा। बस ऐसा ही बालक की शिक्षा के बारे में है। बालक स्वयं अपने आपको शिक्षित करता है। शिक्षक ऐसा समझकर कि वह शिक्षा दे रहा है, सब कार्य बिगाड़ डालता है। समस्त ज्ञान मनुष्य के अंतर में अवस्थित है, उसे केवल जागृति, केवल प्रबोधन की आवश्यकता है और बस इतना ही शिक्षक का कार्य है। हमें बालकों के लिए केवल इतना ही करना है कि वे अपने हाथ, पैर, कान और आँखों के उचित उपयोग के लिए अपनी बुद्धि का प्रयोग करना सीखें।

स्वाभाविक विकास

किसी ने एक को सलाह दी कि गधे को पीटने से वह घोड़ा बन सकता है। गधे के मालिक ने उसे घोड़ा बनाने की इच्छा से इतना पीटा कि वह बेचारा गधा

मर ही गया! तो इस प्रकार लड़कों को ठोक-पीटकर, शिक्षित बनाने की जो प्रणाली है, उसका अंत कर देना चाहिए। माता-पिता के अनुचित दबाव के कारण हमारे बालकों को विकास का स्वतंत्र अवसर प्राप्त नहीं होता। हर एक में ऐसी असंख्य प्रवृत्तियाँ रहा करती हैं, जिनके विकास के लिए समुचित क्षेत्र की आवश्यकता होती है। सुधार के लिए बलात् उद्योग करने का परिणाम सदैव उल्टा ही होता है। यदि तुम किसी को सिंह बनने न दोगे, तो वह सियार ही बनेगा।

विधायक विचार

हमें विधायक विचार सामने रखने चाहिए। निषेधात्मक विचार लोगों को दुर्बल बना देते हैं। क्या तुमने यह नहीं देखा कि जहाँ माता-पिता पढ़ने-लिखने के लिए अपने बालकों के सदा पीछे लगे रहते हैं और कहा करते हैं कि तुम कभी कुछ सीख नहीं सकते, तुम गधे बने रहोगे, वहाँ बालक यथार्थ में वैसे ही बन जाते हैं! यदि तुम उनसे सहानुभूति भरी बातें करो और उन्हें उत्साह दो, तो समय पाकर उनकी उन्नति होना निश्चित है। यदि तुम उनके सामने विधायक विचार रखो, तो उनमें मनुष्यत्व आएगा और वे अपने पैरों पर खड़ा होना सीखेंगे। भाषा और साहित्य, काव्य और कला, हर एक विषय में हमें मनुष्यों को उनके विचार और कार्य की भूलें नहीं बतानी चाहिए, वरन् उन्हें वह मार्ग दिखा देना चाहिए, जिससे वे इन सब बातों को और भी सुचारु रूप से कर सकें। विद्यार्थी की आवश्यकता के अनुसार शिक्षा में परिवर्तन होना चाहिए। अतीत जीवनों ने हमारी प्रवृत्तियों को गढ़ा है, इसलिए विद्यार्थी को उसकी प्रवृत्तियों के अनुसार मार्ग दिखाना चाहिए। जो जहाँ पर है, उसे वहीं से आगे बढ़ाओ। हमने देखा है कि जिनको हम निकम्मा समझते थे, उनको भी श्रीरामकृष्णदेव ने किस प्रकार उत्साहित किया और उनके जीवन का प्रवाह बिल्कुल बदल दिया! उन्होंने अत्यंत पतित मनुष्यों के प्रति भी आशा और उत्साहपूर्ण वचन कहे और उन्हें ऊपर उठा दिया।

पूज्यभाव से सेवा करो

स्वाधीनता ही विकास की पहली शर्त है। यदि कोई यह कहने का दुःसाहस करे कि 'मैं इस नारी या बालक के उद्धार का उपाय करूँगा,' तो वह गलत है, हजार बार गलत है। दूर हट जाओ! वे अपनी समस्याओं को स्वयं हल कर लेंगे। तुम सर्वज्ञता का दंभ भरनेवाले होते कौन हो? तुममें ऐसे दुस्साहस का विचार कैसे आया कि ईश्वर पर भी तुम्हारा अधिकार है, क्या तुम नहीं जानते कि प्रत्येक आत्मा

ईश्वर का ही स्वरूप है ? हर एक को भगवत्-स्वरूप समझो। तुम केवल सेवा कर सकते हो। प्रभु की संतानों की सेवा करो, जब कभी तुम्हें अवसर मिले। यदि प्रभु की इच्छा से तुम उनकी किसी संतान की सेवा कर सको तो सचमुच तुम धन्य हो। तुम धन्य हो कि वह सौभाग्य तुम्हें प्राप्त हुआ और दूसरे उससे वंचित रहे। उस कार्य को पूजा की ही भावना से करो।

विचारों को आत्मसात् करना

शिक्षा विविध जानकारियों का ढेर नहीं है, जो तुम्हारे मस्तिष्क में ठूँस दिया गया है और जो आत्मसात् हुए बिना वहाँ आजन्म पड़ा रहकर गड़बड़ मचाया करता है। हमें उन विचारों की अनुभूति कर लेने की आवश्यकता है, जो जीवन-निर्माण, मनुष्य-निर्माण तथा चरित्र-निर्माण में सहायक हों। यदि तुम केवल पाँच ही परखे हुए विचार आत्मसात् कर उनके अनुसार अपने जीवन और चरित्र का निर्माण कर लेते हो, तो तुम एक पूरे ग्रंथालय को कंठस्थ करनेवाले की अपेक्षा अधिक शिक्षित हो। यदि शिक्षा का अर्थ जानकारी ही होता, तब तो पुस्तकालय संसार में सबसे बड़े संत हो जाते और विश्वकोश महान् ऋषि बन जाते!

गलत शिक्षा

विदेशी भाषा में दूसरे के विचारों को रटकर, अपने मस्तिष्क में उन्हें ठूँसकर और विश्वविद्यालयों की कुछ पदवियाँ प्राप्त करके, तुम अपने को शिक्षित समझते हो! क्या यही शिक्षा है, तुम्हारी शिक्षा का उद्देश्य क्या है ? या तो मुंशीगिरी मिलना या वकील हो जाना या अधिक-से-अधिक डिप्टी मैजिस्ट्रेट बन जाना, जो मुंशीगिरी का ही दूसरा रूप है, बस यही। जो भरतखंड अन्न का अक्षय भंडार रहा है, आज वहीं उसी अन्न के लिए कैसी करुण पुकार उठ रही है! क्या तुम्हारी शिक्षा इस अभाव की पूर्ति करेगी ? वह शिक्षा, जो जनसमुदाय को जीवन-संग्राम के उपयुक्त नहीं बनाती, जो उनकी चारित्र्य-शक्ति का विकास नहीं करती, जो उनमें भूत-दया का भाव और सिंह का साहस पैदा नहीं करती, क्या उसे भी हम 'शिक्षा' का नाम दे सकते हैं ?

हमें कैसी शिक्षा चाहिए

हमें तो ऐसी शिक्षा चाहिए, जिससे चरित्र बने, मानसिक बल बढ़े, बुद्धि का विकास हो और जिससे मनुष्य अपने पैरों पर खड़ा हो सके। हमें आवश्यकता इस

बात की है कि हम विदेशी अधिकार से स्वतंत्र रहकर अपने निजी ज्ञान भंडार की विभिन्न शाखाओं का और उसके साथ ही अंग्रेजी भाषा और पाश्चात्य विज्ञान का अध्ययन करें। हमें यांत्रिक और ऐसी सभी शिक्षाओं की आवश्यकता है, जिनसे उद्योग-धंधों की वृद्धि और विकास हो, जिससे मनुष्य नौकरी के लिए मारा-मारा फिरने के बदले अपनी आवश्यकताओं की पूर्ति के लिए पर्याप्त कमाई कर सके और आपातकाल के लिए संचय भी कर सके।

उद्देश्य—'मनुष्य' निर्माण

सभी प्रकार की शिक्षा और अभ्यास का उद्देश्य 'मनुष्य' निर्माण ही हो। सारे प्रशिक्षणों का अंतिम ध्येय मनुष्य का विकास करना ही है। जिस प्रक्रिया से मनुष्य की इच्छाशक्ति का प्रवाह और प्रकाश संयमित होकर फलदायी बन सके, उसी का नाम है शिक्षा। आज हमारे देश को जिस चीज की आवश्यकता है, वे हैं लोहे की मांसपेशियाँ और फौलाद के स्नायु, दुर्दमनीय प्रचंड इच्छाशक्ति, जो सृष्टि के गुप्त तथ्यों और रहस्यों को भेद सके और जिस उपाय से भी हो, अपने उद्देश्य की पूर्ति करने में समर्थ हो, फिर चाहे उसके लिए समुद्र-तल में ही क्यों न जाना पड़े, साक्षात् मृत्यु का ही सामना क्यों न करना पड़े! हम 'मनुष्य' बनानेवाला धर्म ही चाहते हैं। हम 'मनुष्य' बनानेवाला सिद्धांत ही चाहते हैं। हम सर्वत्र, सभी क्षेत्रों में 'मनुष्य' बनानेवाली शिक्षा ही चाहते हैं।

□

मेरी पाठशाला में क्या नहीं चलेगा

—गीजुभाई

मेरी पाठशाला की दीवारें रंग से पुती हुई खूबसूरत न होंगी तो चलेगा,

पर अगर पाठशाला की दीवारों पर मकड़ी का एक भी जाला होगा या धूल चढ़ी होगी तो यह नहीं चलेगा।

मेरी पाठशाला का भवन आलीशान पत्थरों का बना और गच जड़ा नहीं होगा तो चलेगा,

पर पाठशाला के आँगन में अगर गड्ढे पड़े हुए होंगे या वह चूने-माटी के पलस्तर के बिना होगा तो नहीं चलेगा।

मेरी पाठशाला में शिक्षा शास्त्र की किताबों वाला विशाल पुस्तकालय नहीं होगा तो चलेगा,

पर माँग-चाँगकर भी शिक्षा की पुस्तकों में से अगर कुछ न पढ़ा गया होगा तो यह नहीं चलेगा।

मेरी पाठशाला में सुंदर दरी या गलीचे बिछे हुए नहीं होंगे तो चलेगा,

पर अगर कहीं भी धूल-कचरा होगा और वह हमारे पैरों में आ रहा होगा तो यह नहीं चलेगा।

मेरी पाठशाला में शिक्षण संबंधी थोक-बंद उपकरण न हों तो चलेगा,

पर मेरी पाठशाला में भले ही थोड़े उपकरण क्यों न हों अगर उनका सचमुच में उपयोग न होगा तो यह नहीं चलेगा।

मेरी पाठशाला में बड़ा सा बाल पुस्तकालय न हो तो चलेगा,

पर भले ही हस्तलिखित क्यों न हो बालकों द्वारा उल्लास-उमंग के साथ, पठनीय पुस्तकें अगर नहीं होंगी तो नहीं चलेगा।

मेरी पाठशाला में, मैं बहुत पढ़ा-लिखा पंडित न होऊँ तो यह चलेगा,

पर अगर मैं बालक-बालिकाओं के प्रति सम्मान-भाव रखनेवाला, उनके विकास का अर्थ समझकर उन्हें वातावरण प्रदान करनेवाला न होऊँ तो यह नहीं चलेगा।

मेरी पाठशाला में मैं बच्चे-बच्चियों को पढ़ाने या प्रतिपल उन्हें ज्ञानी बनाने के लिए भले ही नहीं दौड़ूँ तो यह चलेगा,

लेकिन अगर मैं उनके काम में बाधक बनूँ, उनको बार-बार डरा-धमका कर पढ़ाने बिठाऊँ तो यह नहीं चलेगा।

मेरी पाठशाला में बच्चे दो पल पढ़ेंगे और दो पल खेलेंगे तो यह चलेगा,

परंतु अगर वे कारखाने के मजदूरों की तरह दिनभर काम करते ही रहें और मैं उनके ऊपर सख्त नजरें रखे रहूँ तो यह नहीं चलेगा।

मेरी पाठशाला में बच्चे मेरे गले न पड़ते हों, या दोस्त बनकर मेरे आगे-आगे न चलते हों तो यह चलेगा,

पर अगर बच्चे मुझसे दूर-दूर भागते हों, और मुझे देखकर डरते हों तो यह नहीं चलेगा।

मेरी पाठशाला में बच्चे कम पढ़ेंगे तो चलेगा, धीमे-धीमे पढ़ेंगे तो चलेगा,

परंतु अगर चीख-चीखकर जोर-जोर से पढ़ते हुए उकता जाएँगे या निस्तेज हो जाएँगे, तो यह नहीं चलेगा।

मेरी पाठशाला में बच्चे मरजी-मुताबिक बैठें, इच्छा हो तो पढ़ें या चित्र बनाएँ तो यह चलेगा,

लेकिन किसी के आगे पर दिखावे के लिए ही अगर बच्चे लिखेंगे या चित्र बनाएँगे तो यह नहीं चलेगा।

हमें हमारा आदर्श दो

—ए.पी.जे. अब्दुल कलाम

मैं खासतौर से युवा छात्रों से ही क्यों मिलता हूँ? इस सवाल का जवाब तलाशते हुए मैं अपने छात्र जीवन के दिनों के बारे में सोचने लगा। रामेश्वरम् के द्वीप से बाहर निकलकर यह कितनी लंबी यात्रा रही। पीछे मुड़कर देखता हूँ तो विश्वास नहीं होता। आखिर वह क्या था, जिसके कारण यह संभव हो सका, महत्त्वाकांक्षा? कई बातें मेरे दिमाग में आती हैं। मेरा खयाल है कि सबसे महत्त्वपूर्ण बात यह रही कि मैंने अपने योगदान के मुताबिक ही अपना मूल्य आँका। बुनियादी बात, जो आपको समझनी चाहिए, वह यह है कि आप जीवन की अच्छी चीजों को पाने का हक रखते हैं, उनको जो ईश्वर की दी हुई हैं। जब तक हमारे विद्यार्थियों और युवाओं को यह भरोसा नहीं होगा कि वे विकसित भारत के नागरिक बनने के योग्य हैं, तब तक वे जिम्मेदार और ज्ञानवान् नागरिक भी कैसे बन सकेंगे?

विकसित देशों की समृद्धि के पीछे कोई रहस्य नहीं छिपा है। ऐतिहासिक तथ्य बस इतना है कि इन राष्ट्रों, जिन्हें 'जी-8' के नाम से पुकारा जाता है, के लोगों ने पीढ़ी-दर-पीढ़ी इस विश्वास को पुख्ता किया कि मजबूत और समृद्ध देश में उन्हें अच्छा जीवन बिताना है। तब सच्चाई उनकी आकांक्षाओं के अनुरूप ढल गई।

मैं यह नहीं मानता कि समृद्धि और अध्यात्म एक-दूसरे के विरोधी हैं या भौतिक वस्तुओं की इच्छा रखना कोई गलत सोच है। उदाहरण के तौर पर, मैं खुद

न्यूनतम वस्तुओं का भोग करते हुए जीवन बिता रहा हूँ, लेकिन मैं सर्वत्र समृद्धि की कद्र करता हूँ, आप अपने आस-पास देखेंगे तो पाएँगे कि खुद प्रकृति भी कोई काम आधे-अधूरे मन से नहीं करती। किसी बगीचे में जाइए। मौसम में आपको फूलों की बहार देखने को मिलेगी अथवा ऊपर की तरफ ही देखें, यह ब्रह्मांड आपको अनंत तक फैला दिखाई देगा, आपके यकीन से भी परे।

जो कुछ भी हम इस संसार में देखते हैं, वह ऊर्जा का ही स्वरूप है। जैसा कि महर्षि अरविंद ने कहा है कि हम भी ऊर्जा के ही अंश हैं। इसलिए जब हमने यह जान लिया है कि आत्मा और पदार्थ दोनों ही अस्तित्व का हिस्सा हैं, वे एक-दूसरे से पूरा तादात्म्य रखे हुए हैं तो हमें यह एहसास भी होगा कि भौतिक पदार्थों की इच्छा रखना किसी भी दृष्टिकोण से शर्मनाक या गैर-आध्यात्मिक बात नहीं है। इसके बावजूद अकसर हमें यही विश्वास दिलाया जाता है। न्यूनतम में गुजारा करने और जीवन बिताने में भी निश्चित रूप से कोई हर्ज नहीं है। महात्मा गांधी ने ऐसा ही जीवन जिया था, लेकिन जैसा कि उनके साथ था, आपके मामले में भी यह आपकी पसंद पर निर्भर करता है। आपकी ऐसी जीवन-शैली इसलिए है, क्योंकि इससे वे तमाम जरूरतें पूरी होती हैं, जो आपके भीतर की गहराइयों से उपजी होती हैं, लेकिन त्याग की प्रतिमूर्ति बनना और जोर-जबरदस्ती से चुनना-सहने का गुणगान करना, अलग बातें हैं। हमारी युवा शक्ति से संपर्क कायम करने के मेरे फैसले का आधार भी यही रहा है। उनके सपनों को जानना और उन्हें बताना कि अच्छे, भरे-पूरे और सुख-सुविधाओं से पूर्ण जीवन के सपने देखना तथा फिर उस स्वर्णिम युग के लिए काम करना सही है। आप जो कुछ भी करें, वह आपके हृदय से किया गया हो, अपनी आत्मा को अभिव्यक्ति दें और इस तरह आप अपने आस-पास प्यार तथा खुशियों का प्रसार कर सकेंगे।

मेरी ऐसी पहली बैठक त्रिपुरा के एक हाईस्कूल में आयोजित हुई। बैठक में लगभग पाँच सौ छात्र और अध्यापक मौजूद थे। भारत को विकसित देश बनाने की राष्ट्रीय परिकल्पना पर मेरे विचार सुनने के बाद कई सवाल उठे, जिनमें से मैं दो पर यहाँ चर्चा करना चाहूँगा। पहला सवाल था, 'हम अपना आदर्श कहाँ से चुनें और आपको कोई आदर्श कैसे मिल सकता है?'

हमें भले ही इस बात की जानकारी हो या नहीं, मगर यह सच्चाई है कि अपने बचपन से लेकर जीवन के अगले तमाम चरणों में हम अपने आदर्श बनाते रहते हैं। मैंने उनसे कहा, 'जब आप बड़े हो रहे होते हैं तो एक खास उम्र तक, मसलन पंद्रह साल तक आपके सर्वोत्तम आदर्श आपके पिता या माता अथवा आपके अध्यापक हो

सकते हैं।' मेरे विचार से ये ही वे लोग होते हैं, जो उस अवधि में आपका अच्छा मार्गदर्शन कर सकते हैं। मैंने वहाँ उपस्थित अध्यापकों और अभिभावकों से कहा कि उनके ऊपर बहुत बड़ी जिम्मेदारी है। व्यक्तिगत रूप से भी मेरा मानना है कि किसी भी बच्चे का सार्वभौमिक मूल्यों पर आधारित संपूर्ण विकास इन लोगों के माध्यम से ही होता है। मेरे अपने घर में, जब मैं बड़ा हो रहा था तो अपने माता-पिता को हर रोज पाँच बार नमाज अदा करते हुए देखता था और देखता कि अपनी साधारण माली हालत के बावजूद वे हमेशा जरूरतमंद लोगों की मदद किया करते। मेरे अध्यापक श्री शिवसुब्रह्मण्य अय्यर ने ही मेरे पिता को इस बात के लिए तैयार किया कि पैसे की तंगी के बावजूद वे मुझे स्कूल भेजें।

हर अभिभावक का इस बात के लिए राजी होना महत्त्वपूर्ण है कि वह अपने बच्चों को नेक इनसान बनाने की कोशिश करे, ज्ञानवान् और परिश्रमी इनसान। अध्यापक को, जो कि बच्चों के सीखने और ज्ञान की दुनिया का झरोखा होता है, उनमें रचनात्मकता का संस्कार डालने के लिए उनका आदर्श बनना होगा। यह त्रिकोण ही वह आदर्श बनाता है, जिसकी कल्पना मैंने की है। मैं तो यहाँ तक कहूँगा कि अगर अभिभावक और अध्यापक युवाओं का जीवन सँवारने के लिए आवश्यक समर्पण की भावना रखें तो भारत को एक नया जीवन मिल सकता है। जैसा कि कहा भी गया है—अभिभावकों के पीछे स्कूल खड़ा होता है और अध्यापक के पीछे होता है घर। शिक्षा तथा अध्यापक-छात्र संबंध को व्यापारिक दृष्टि से देखने की बजाय राष्ट्र के विकास को ध्यान में रखकर देखना होगा। उपयुक्त शिक्षा हमारे युवकों में गरिमा तथा आत्मसम्मान की भावना का पोषण करेगी। ये वे गुण हैं, जो कोई कानून तैयार नहीं करवा सकता, इन्हें तो हमें खुद से ही पैदा करना होगा।

बच्चों को यह जवाब सुनकर अच्छा लगा, लेकिन मैं नहीं जानता कि अभिभावकों तथा अध्यापकों ने इससे कोई संदेश लिया या नहीं।

एक लड़की ने पूछा, 'हर रोज हम अखबारों में आतंकवादियों के बारे में पढ़ते हैं या माता-पिता को इस विषय पर बात करते हुए सुनते हैं। ये कौन होते हैं, क्या ये हमारे ही देश के लोग हैं?' इस सवाल ने सचमुच मुझे झकझोर दिया। मैं खुद इसका जवाब तलाश रहा था। वे हमारे अपने लोग हैं। कभी-कभी हम राजनीतिक और आर्थिक अलगाव से उन्हें पैदा करते हैं या फिर कट्टर लोग हो सकते हैं, जिन्हें कभी-कभी हमारे दुश्मन देश भड़काते हैं, ताकि आतंकवाद के जरिए सामान्य जन-जीवन को अस्त-व्यस्त किया जा सके। मैंने श्रोताओं की तरफ देखा, अपने आस-पास बैठे लोगों को देखा, अध्यापकों को देखा और यहाँ तक कि जवाब के

लिए आसमान तक को ताका। मैंने कहा, ''बच्चो! मुझे हमारे महाकाव्यों 'रामायण' और 'महाभारत' की याद हो आई है। 'रामायण' में दिव्य चरित्र राम और राक्षस रावण के बीच युद्ध हुआ था। यह एक लंबा युद्ध था, जिसमें आखिरकार राम की जीत हुई थी। महाभारत में कुरुक्षेत्र में युद्ध हुआ था। उसमें भी अच्छाई और बुराई की लड़ाई में धर्म की ही जीत हुई थी। युद्ध कई होते हैं, लेकिन अंततः विजय शांति की ही होती है। हमने अपने समय में भी अच्छाई और बुराई के बीच युद्ध देखे हैं, उदाहरण के तौर पर दूसरा महायुद्ध। मुझे लगता है कि अच्छाई और बुराई दोनों साथ-साथ कायम रहेंगी। सर्वशक्तिमान् इन दोनों की ही कुछ हद तक मदद करता है। संपूर्ण मानव इतिहास में यह सवाल ही मुख्य रूप से छाया रहा है कि किस प्रकार आध्यात्मिक विकास के जरिए इस बुराई को कम-से-कम किया जाए।

एक अन्य अवसर पर मैंने तमिलनाडु में दिंडिगुल के सेंट मेरीज स्कूल की पचहत्तरवीं वर्षगाँठ के सिलसिले में आयोजित समारोह में एक विशाल सभा को संबोधित किया। वहाँ बहुत से बच्चे मुझसे मिलना चाहते थे और उनमें से दो ऐसे थे, जो तत्काल मुझसे जवाब भी चाहते थे। एक ने पूछा, मैंने आपकी पुस्तक 'अग्नि सिरागुगल' ('अग्नि की उड़ान' का तमिल संस्करण) पढ़ी है। आप हमेशा सपने देखने का संदेश ही देते हैं। ऐसा क्यों?

जवाब में मैंने बच्चों से यह दोहराने को कहा, 'स्वप्न, स्वप्न और स्वप्न।' स्वप्न ही विचार बनते हैं और विचार ही कर्म के रूप में हमारे सामने आते हैं। मैंने उनसे कहा, 'दोस्तो! अगर स्वप्न ही नहीं होंगे तो क्रांतिकारी विचार भी नहीं जन्म लेंगे और विचारों के न रहने से कोई कर्म भी सामने नहीं आएगा।' इसलिए अभिभावकों और अध्यापकों को बच्चों को स्वप्न देखने की इजाजत देनी चाहिए। स्वप्नों पर ही सफलता टिकी होती है, हालाँकि कभी-कभी, कुछ-कुछ असफलताएँ आ सकती हैं तथा देर भी हो सकती है।

एक अन्य लड़के ने मुझसे पूछा, 'दुनिया का पहला वैज्ञानिक कौन रहा होगा?'

यह सुनकर मुझे खयाल आया कि विज्ञान की पूरी सत्ता ही सवालों पर टिकी है। जिज्ञासु प्रश्न ही विज्ञान की बुनियाद हैं और जैसा कि माता-पिता तथा अध्यापक बखूबी जानते हैं कि बच्चे अंतहीन सवालों के स्रोत होते हैं। इसलिए 'बच्चा प्रथम वैज्ञानिक रहा होगा' मेरा जवाब था। इसपर जमकर तालियाँ बजीं। बच्चों को सोच-विचार का यह अलग तरीका खूब भाया। अभिभावक और अध्यापक भी इस जवाब को सुनकर मुसकुरा दिए।

असम यात्रा के दौरान मैं तेजपुर गया। वहाँ मैं तेजपुर विश्वविद्यालय के

दीक्षांत समारोह में भाग लेने और मुझे प्रदान की गई डॉक्टरेट की मानद उपाधि प्राप्त करने के लिए गया था। दीक्षांत समारोह के बाद मैंने स्कूली बच्चों से मिलने के लिए कुछ समय निकाला। मेरे भाषण का मुख्य विषय था 'अदम्य आत्मा'। मेरा भाषण पूरा होते ही युवा मेरे ऑटोग्राफ लेने आए। पहला सवाल था कि 'ब्रह्मपुत्र नदी का पानी, जिसमें ज्यादातर बाढ़ आई रहती है, राजस्थान और तमिलनाडु जैसे पानी की कमीवाले राज्यों को क्यों नहीं दिया जा सकता?' सिर्फ बच्चों को ही ऐसे विचार सूझ सकते हैं। बड़े होने पर तो ज्यादातर असंभव ही दिखाई पड़ता है। यह सवाल इतना जबरदस्त था कि मैं अवाक् रह गया और मुझे पूरा भरोसा था कि प्रधानमंत्री तक इस सवाल का जवाब नहीं दे पाएँगे। अब इस बच्चे को कैसे समझाया जाए कि नदियाँ राज्यों का विषय हैं और हमारे राज्य अपने नदी जल को लेकर हमेशा लड़ते-झगड़ते रहते हैं। जो नदियाँ कभी-न-कभी उन्हें समृद्ध बना देंगी, उनका पानी फिलहाल तो समुद्र में गिरकर बरबाद हो रहा है और कमोबेश हर साल बाढ़ ला रहा है। आखिर जवाब कैसे दिया जाए?

मैंने कहा, 'इंडिया विजन 2020 में युवाओं से यह अपेक्षा की गई है कि वे विभिन्न राज्यों की नदियों को आपस में जोड़ने का महान् अभियान शुरू करें।' निजी तौर पर भी मेरा मानना है कि युवाओं के पास सबसे शक्तिशाली उनकी उर्वर मेधा होती है। उनकी खुली सोच ही अफसरशाही की नकारात्मकता तथा कुछ राज्यों की स्वार्थपरक नीतियों को पछाड़कर देशवासियों को समृद्ध बना सकती है, यहाँ तक कि देश के युवा राज्यों तथा केंद्र के बीच समन्वय में भी सुधार ला सकते हैं। एक देशव्यापी चेतना आएगी और निश्चित रूप से एक दिन वे ऐसा कर पाएँगे।

एक अन्य छात्र ने भी मुझसे ऐसा सवाल किया, जिसका तत्क्षण कोई जवाब मेरे पास नहीं था। उसने पूछा, 'सर, किसी भी क्षेत्र के बड़े नेता हमसे बात करने

के लिए नहीं आते। हम अकसर टी.वी पर प्रधानमंत्री को चेन्नई, लखनऊ और अन्य कई जगहों पर जाते देखते हैं, लेकिन वे कभी यहाँ नहीं आते। हम चाहते हैं कि वे यहाँ आएँ, ताकि हम उनसे बात कर सकें।'

मैं देश के नेताओं के साथ संवाद कायम करने की उनकी उत्कंठा देखकर प्रभावित हुए बिना नहीं रह सका। मैंने उनसे कहा कि जब मैं दिल्ली पहुँचूँगा तो तुम्हारे इन विचारों की चर्चा नेताओं से करूँगा और तुम्हारे सपने जरूर पूरे होंगे।

बाद में मैंने इस घटना का जिक्र प्रधानमंत्री से किया। उन्होंने इससे सहमति जताई और कहा, 'बच्चे अब मुझसे बातचीत नहीं कर पाते हैं। हो सकता है, सुरक्षा दायरा ही इस अलगाव की वजह हो।'

मेरा विभिन्न क्षेत्रों के नेताओं से अनुरोध है कि जीवन के मकसद की अपनी समझ को बेहतर बनाने तथा बच्चों के बेहतर भविष्य के निर्माण के लिए उनके साथ मेलजोल बढ़ाएँ।

झारखंड राज्य के गठन के बाद मैं कई बार वहाँ गया हूँ। जब-जब मैं वहाँ गया, उन प्रचुर संसाधनों को देखकर दंग हुए बिना नहीं रहा, जिनका इस्तेमाल वहाँ नहीं किया गया है। ऐसा किया जाए तो इससे राज्य के खजाने में कई गुणा वृद्धि होगी। बोकारो स्थित श्री रामकृष्ण हाईस्कूल में मैंने लगभग तीन हजार स्कूली बच्चों को संबोधित किया। उनकी बनाई पेंटिंग्स, खिलौनों और अन्य सामान को देखकर उनकी प्रचुर रचनात्मकता की झलक मुझे मिली। उनके साथ बातचीत के क्रम में एक छात्र ने मुझसे पूछा, 'झारखंड में चारों तरफ हरियाली है। यहाँ वन, झरने पहाड़ियाँ हैं, लेकिन राजस्थान में रेगिस्तान क्यों है?'

इस सवाल को सुनकर मुझे वैसा ही एक अन्य प्रश्न याद आ गया, जो असम में मुझसे किया गया था, 'ब्रह्मपुत्र के पानी को तमिलनाडु और राजस्थान में क्यों नहीं ले जाया जा सकता?' मैंने उत्तर दिया, 'आप जानते हैं कि बीस साल पहले राजस्थान में उस हद तक खेती करना संभव नहीं था, जितना आप आज वहाँ देखते हैं, लेकिन इंदिरा गांधी नहर बनने के बाद से वहाँ कई स्थानों पर कृषि संभव हुई। इनसान के लिए रेगिस्तान को भी उपजाऊ भूमि में बदलना संभव है।' मैंने वही दोहराया, जो मैंने असम में बच्चों से कहा था, 'भारत के लिए यह सबसे बड़ा अभियान होगा कि उसकी नदियों को इस प्रकार जोड़ा जाए, ताकि पानी की कमीवाले राज्यों को भी पानी मिल सके। इस मामले में दूरदृष्टि की जरूरत है। जब आप बड़ें होंगे तो हो सकता है कि इस राष्ट्र के पुनर्निर्माण के कार्य में और इन विचारों को साकार रूप देनेवालों में आप भी हों।

एक बच्चा बहुत ही गंभीर भाव चेहरे पर लिये मेरे पास आया और उसने पूछा, 'सर, क्या आपका अग्नि प्रक्षेपास्त्र सात समुद्रों को लाँघकर अमेरिका तक पहुँच सकता है?'

मैं इस विचार पर पहले थोड़ा हैरान हुआ, फिर कहा, 'हमारे लिए कोई भी देश दुश्मन नहीं है, जो हम उस पर अग्नि वार करें, खास तौर पर अमेरिका तो हमारा दोस्त है। अग्नि हमारी ताकत का प्रतीक है। यह दरशाता है कि भारत के पास भी भरपूर क्षमताएँ हैं।'

अपनी कटक यात्रा के दौरान मैंने स्वर्गीय न्यायाधीश हरिहर महापात्र के जन्मदिवस समारोह में भाग लिया। मैं वहाँ न्यायमूर्ति रंगनाथ मिश्र के निमंत्रण पर गया था। मेरे लिए यह जानना सुखद था कि स्वतंत्रता आंदोलन अर्थात् देश के लिए जो पहली राष्ट्रीय परिकल्पना थी, उसने हरिहर महापात्र को महान् पुरुष बना दिया था। वे बानवे वर्ष तक जीवित रहे और उन्होंने कटक नेत्र अस्पताल तथा उत्कल विश्वविद्यालय की स्थापना की एवं गरीबी उन्मूलन के लिए कई स्तरों पर सतत प्रयास किए। उड़िया में प्रकाशित मेरी जीवनी भी वितरित की गई। मेरे भाषण के बाद युवाओं की भीड़ ने मुझे घेर लिया और कई सवाल किए।

पहला सवाल था, 'सर, हमें बताएँ कि आपकी वे पसंदीदा पुस्तकें कौन सी हैं, जिन्होंने आपकी सोच विकसित की?'

मैंने बताया, 'चार पुस्तकें मेरे हृदय के काफी करीब रही हैं। मैं उन्हें पढ़ना पसंद करता हूँ। पहली पुस्तक नोबेल पुरस्कार विजेता एवं दार्शनिक डॉक्टर एलेक्सि कैरल की लिखी 'मैन द अननोन' है। इस पुस्तक में इस बात पर जोर दिया गया है कि किसी बीमारी की स्थिति में मस्तिष्क एवं शरीर दोनों का साथ-साथ इलाज किस प्रकार करना चाहिए, क्योंकि दोनों एक-दूसरे से जुड़े हैं। आप एक इलाज करते हुए दूसरे की उपेक्षा नहीं कर सकते, खासतौर पर उन बच्चों को यह पुस्तक जरूर पढ़नी चाहिए, जो डॉक्टर बनने की इच्छा रखते हैं। वे इसे पढ़कर समझ सकेंगे कि मानव शरीर एक यांत्रिक प्रणाली भर नहीं है, बल्कि एक जटिल और संवेदी प्रतिक्रिया प्रणाली से युक्त चेतन तंत्र है। दूसरी पुस्तक, जिसके प्रति मेरे मन में अगाध श्रद्धा है, वह है तिरुवल्लूवर की 'तिरुक्कुरल'। उसमें जीवन के उत्कृष्ट नियमों का संकलन है। तीसरी पुस्तक लिलियन आइशलर वाटसन की 'लाइट्स फ्रॉम मैनी लैंप्स' है, जिसने मुझे काफी प्रभावित किया है। उसमें यह बताया गया है कि हमें कैसे जीना चाहिए। पिछले पचास वर्षों से यह पुस्तक मेरा मार्गदर्शन कर रही है और पवित्र कुरान तो मेरा साथी है ही।'

गुजरात के आनंद में स्कूली बच्चों को जब मैं संबोधित कर रहा था तो एक तेज-तर्रार बच्चे ने बेहद होशियारी भरा सवाल किया, 'हमारा दुश्मन कौन है?' मुझे सवाल पसंद आया और मैंने अन्य बच्चों से इसका जवाब देने को कहा, ताकि उनके विचार भी सामने आ सकें। जब एक जवाब सामने आया कि 'गरीबी हमारा दुश्मन है।' एक छोटी बच्ची ने कितनी समझदारी वाला जवाब दिया था।

एक अंतिम सवाल, जिसका उल्लेख मैं यहाँ कर रहा हूँ, एक अन्य बच्चे के उर्वर दिमाग की उपज था, 'मुझे यह बताएँ कि क्या पाकिस्तान के हथियार भारत के हथियारों के मुकाबले ज्यादा मजबूत हैं?' मैंने उस बच्चे से पूछा कि उसके दिमाग में यह संदेह ही कैसे पैदा हुआ?उसने बताया कि मीडिया में देखी-सुनी खबरों की वजह से उसे ऐसा लगता है।

'दसअसल, हमारे देश की यह अनोखी विशेषता है कि हम अपनी क्षमताओं को कम करके आँकते हैं। हो सकता है कि आनुवंशिकता के कारण ऐसा होता हो,' मैंने कहा, 'भारत किसी भी प्रकार के प्रक्षेपास्त्र तथा परमाणु हथियार बना सकता है। यह एक ऐसी क्षमता है, जो दुनिया के मात्र चार देशों के पास है। इसलिए तुम अपने मन से इस प्रकार के सभी संदेहों को निकाल दो।' जब मैंने ऐसा कहा तो उसके चेहरे पर संतोष का भाव दिखाई दिया।

अब पचास हजार स्कूली बच्चों से मिलने के क्रम में मुझसे सैकड़ों सवाल किए गए हैं और उनमें से केवल ग्यारह सवाल ही मैंने यहाँ चुने हैं। इन सवालों से बच्चों की मासूमियत की झलक मिलती है, लेकिन सबसे ज्यादा जो स्पष्ट होता है, वह यह कि एक मजबूत तथा समृद्ध राष्ट्र में रहने की उनकी कितनी अधिक इच्छा है। बच्चों के बीच बिताए सत्र के बाद मैंने महसूस किया कि उनके लिए आदर्शों का होना जरूरी है, भले ही वे विज्ञान, उद्योग, खेल, मनोरंजन या किसी और क्षेत्र के ही क्यों न हों। अब सवाल उठता है कि क्या हम अपने बच्चों को कोई आदर्श दे सकते हैं, और कैसे?

नई सहस्राब्दी की सुबह इस खबर के साथ हुई कि मानव जीनोम की गुत्थी सुलझा ली गई है। हमें यह भी पता लग चुका है कि आज के मनुष्य के शरीर में जो तीस हजार गुणसूत्र (जींस) हैं, ये गुणसूत्र कमोबेश वैसे ही हैं जैसे कि लाखों वर्ष पूर्व पाषाण युग के हमारे पूर्वजों के थे। अन्य गुणों के अलावा जो एक महत्त्वपूर्ण गुण हमें उनसे मिला है वह है, उपलब्धियों की चाह।

ऐसा कहा जाता है कि प्रकृति ने हमारे भीतर यह भाव भरा है, क्योंकि प्रजनन की आवश्यकता, पेट भरने और प्यास बुझाने की आवश्यकता तथा साँस लेने की

आवश्यकता की ही तरह उपलब्धि हासिल करने की जरूरत भी इतनी महत्त्वपूर्ण है कि इसे यूँ ही नहीं छोड़ा जा सकता। इतिहास साक्षी है कि उपलब्धियों की भूख बेहद उन्नत स्तर की रही है और निस्संदेह यह सबसे ताकतवर है। हम अकसर इसे भूल जाते हैं, मगर यह ही हमारे अधिकांश अनुभवों का आधार रही है। सबसे अहम बात तो यह है कि इसके बगैर हम में सीखने या विकास करने अथवा अधिक बेहतर बनने की चाह ही कैसे पैदा होती?

मैंने डॉ. विक्रम साराभाई की अंतर्दृष्टि को पिछले तीन दशकों के दौरान निरंतर और समन्वित उपलब्धियों में प्रस्फुटित होते हुए देखा है। ऐसी उपलब्धियों तथा अन्य किसी भी प्रयास में सीमाओं से आगे निकलने की यही इच्छा प्रगति के पीछे कार्यरत होती है। जब हम प्रयास करते हैं और सफल भी होते हैं तो हमारे आदर्श ही मार्गदर्शक की भूमिका निभाते हैं। दूरदर्शिता को अपनाया और उनके न रहने पर भी उनकी सोच को कार्यान्वित कर दिखाया। आपके लिए कोई भी और आदर्श बन सकता है, जिसकी आप तारीफ करते हों, कोई खिलाड़ी, अध्यापक, सफल उद्यमी वगैरह।

हाल ही में मैं एक किंवदंती बन चुके व्यक्तित्व से मिला, जो अपने आपमें आदर्श हैं। लता मंगेशकर अपने पिता मास्टर दीनानाथ मंगेशकर की स्मृति में आयोजित एक समारोह की अध्यक्षता कर रही थीं। लता मंगेशकर को 'भारतरत्न' से सम्मानित किया जा चुका है और मुझे गर्व हुआ, जब उन्होंने पुणे में चार सौ पचास बिस्तरोंवाले दीनानाथ अस्पताल अनुसंधान केंद्र का उद्घाटन करने के लिए मुझसे कहा। उद्घाटन से पहले मैंने अस्पताल का दौरा किया। मुझे पता चला कि अस्पताल में करीब 30 प्रतिशत मरीजों का मुफ्त इलाज होगा। मुझे यह जानकर प्रसन्नता हुई कि अपनी दौलत और शोहरत के बावजूद वे यह बात नहीं भूली थीं कि दूसरों के दुःख-दर्द दूर करने के लिए जितना बन पड़े, उतना प्रत्येक को करना चाहिए।

रेडियो पर बजते उनके गीतों ने दशकों से अनगिनत दिलों को सुकून पहुँचाया है। सन् 1962 में भारत-चीन युद्ध के दौरान उनके गाए गीत 'ऐ मेरे वतन के लोगों' ने पूरे राष्ट्र की आत्मा को झकझोर दिया था। करोड़ों लोगों के मन को छू लेने का काम गिने-चुने लोग ही कर सकते हैं।

हमारे आदर्श उस कार्य पर केंद्रित रहने में हमारी मदद कर सकते हैं, जो बतौर व्यक्ति, समूह अथवा एक देश के रूप में हमारे लिए उचित हैं। वे हमें बड़ी-से-बड़ी सफलताओं तक पहुँचा सकते हैं। ऐसा लगता है कि सूचना प्रौद्योगिकी के क्षेत्र में हम कुछेक लोगों की सफलता देखकर ही बह गए हैं, लेकिन जो हम वस्तुतः कर

सकते हैं या प्राप्त कर सकते हैं, उसकी तुलना में यह बेहद कम और नाकाफी है। प्राचीन भारत ज्ञान से परिपूर्ण समाज था और कई बौद्धिक अभियानों, विशेषकर गणित, चिकित्सा और खगोल विद्या के क्षेत्र में उसने विश्व का नेतृत्व किया। उच्च तकनीक के क्षेत्र में परमशक्ति बनकर उभरने के लिए पुनर्जागरण की जरूरत है।

सार

युवा पीढ़ी ही देश की पूँजी है। जब बच्चे बड़े हो रहे होते हैं तो उनके आदर्श उस काल के सफल व्यक्तित्व ही हो सकते हैं। माता-पिता और प्राथमिक कक्षाओं के अध्यापक आदर्श के रूप में महत्त्वपूर्ण भूमिका निभा सकते हैं। बच्चे के बड़े होने पर राजनीति, विज्ञान, प्रौद्योगिकी और उद्योग जगत् से जुड़े योग्य तथा विशिष्ट नेता उनके आदर्श बन सकते हैं।

□

शिक्षक के नाम पत्र

—अब्राहम लिंकन

आदरणीय गुरुजी,

सभी आदमी न्यायप्रिय नहीं होते
होते नहीं सब सत्यनिष्ठ!
मेरा बेटा सीखेगा यह
कभी-न-कभी!
मगर उसे यह भी सिखाइए—
दुनिया में हर बदमाश की तरह
होता है एक साधुचरित पुरुषोत्तम भी।
स्वार्थी राजनीतिज्ञ होते हैं दुनिया में जैसे,
होते हैं उसी तरह
पूरी जिंदगी न्यौछावर करनेवाले नेता भी।
होते हैं घात में बैठे दुश्मन अगर
तो मेहरबान मित्र भी होते हैं।

मैं जानता हूँ
सभी बातें झटपट नहीं सिखाते बनती···
फिर भी, हो सके तो उसके मन में जमाइए
'पसीना बहाकर कमाया हुआ एक पैसा भी
फोकट में मिले खजाने से ज्यादा मूल्यवान है।'
सिखाइए उसे कैसे झेलते हैं हार
और सिखाइए, जीत की खुशी में संयम।

अगर आप में ताकत हो तो सिखाइए उसे
ईर्ष्या और द्वेष से दूर रहना।
सिखाइए उसे
अपना हर्ष भी संयम से दिखाना।
कहना, गुंडों से मत डर जाना,
क्योंकि सबसे आसान होता है उन्हें झुकाना।

जितना बन पड़े दिखाया कीजिए
उसे किताबों में छिपा अद्‌भुत खजाना,
पर साथ-ही-साथ
दीजिए उसके जी को जरा फुरसत,
कि सृष्टि की सनातन सुंदरता महसूस कर पाए।
देख पाए वह
चिड़ियों की ऊँची उड़ान...
सुनहली धूप में मँडराते भौंरे...
और हरी-भरी पहाड़ी की ढलान पर
झूमते नन्हे-नन्हे फूल।

पाठशाला में उसे सबक मिले—
'बेईमानी से पाई सफलता से
हजार अच्छी है असफलता।

यह सिखाइए कि अपने विचारों और अपनी सूझ-बूझ पर
पक्का विश्वास रखे,
भले ही सब लोग उसे गलत ठहराएँ।
वह भलों के साथ भलाई बरते
और टेढ़ों को सबक सिखाए।
मेरे बेटे को विश्वास दीजिए कि
विजय के झंडे के नीचे खड़े होने की दौड़ती भीड़ में
शामिल न होने का साहस जुटाए।
और यह भी समझाइए उसे

कि सुने सबकी, हर एक की···
पर छान ले उसे सत्य की चलनी में,
और छिलका फेंककर
ग्रहण करे विशुद्ध सार।
बन पड़े तो उतारिए उसके मन में—
हँसते रहो हृदय का दुःख दबाकर।'
कहिए कि आँसू बहाते शरमाए नहीं वह···
सिखाइए उसे,
ओछेपन को ओछा मानना
और चाटुकारों से सावधान रहना।

उसे पक्की—पूरी तरह समझाइए कि
खूब कमाई करे ताकत और अक्ल की लागत से,
लेकिन कभी भी न बेचे अपना हृदय, अपनी आत्मा,
धिक्कारती हुई आती है भीड़ अगर,
तो अनदेखा करना सिखाइए उसे,
और लिखिए उसके हृदय पर
जो सत्य जान पड़े, न्यायोचित लगे
उसकी खातिर धरती में गड़ाकर पाँव लड़ता रहे
अंत तक।

उसे ममता दीजिए मगर
लाड करके मत बिगाड़िए।
आग में जल-तपकर निकले बिना
लोहा मजबूत फौलाद नहीं बनता।
उसे आदत डालिए कि अधीर न होने का,
धीरज सँजोए,
और धीरज से काम ले वह
अगर दिखानी है बहादुरी
हमें विश्वास चाहिए स्वयं का मजबूत
तभी जमेगी उदात्त श्रद्धा मनुष्य जाति के प्रति।

क्षमा कीजिए गुरुजी
मैं बहुत बोल रहा हूँ,
बहुत-कुछ माँग रहा हूँ...
फिर भी देखिए...जितना बने, कीजिए जरूर।

□

हर बच्चा खास होता है

—आमिर खान

'मिस्टर परफेक्शनिस्ट' के नाम से मशहूर आमिर खान ने 'लगान', 'गजनी', 'मंगल पांडे', 'थ्री इडियट्स' और 'तारे जमीं पर' जैसी बेहतरीन फिल्में दी हैं। कला के क्षेत्र में उल्लेखनीय योगदान के लिए आमिर को पद्मश्री और पद्म भूषण अवार्ड से सम्मानित किया जा चुका है। शिक्षकों व अभिभावकों से मुखातिब एक कार्यक्रम में आमिर ने कहा कि उनके लिए बच्चों की खुशी सबसे अहम् है। पेश है उस भाषण के अंश—

हर बच्चे में कोई-न-कोई खूबी जरूर होती है। हमें उस खूबी को पहचानना होगा। हम बच्चे पर फर्स्ट आने का दबाव नहीं डाल सकते। बच्चे की पसंद समझें और उसे एक अच्छा इनसान बनने की प्रेरणा दें। टीचर उस बच्चे पर ज्यादा ध्यान दें, जो क्लास में सबसे कमजोर है।

शिक्षा पर फिल्में

मैं शिक्षा के क्षेत्र से नहीं हूँ। मैं एक अभिनेता हूँ। पिछले कुछ साल के दौरान मुझे शिक्षा के बारे में कुछ अनुभव हुआ है। मैंने शिक्षा से जुड़ी दो फिल्में 'तारे

जमीं पर' और 'थ्री इडियट्स' की हैं। इन फिल्मों को करने के लिए मैंने काफी अध्ययन किया, देश की शिक्षा पद्धति से जुड़े तथ्यों को जानने की कोशिश की। आज यहाँ बहुत सारे शिक्षक-शिक्षिका, माता-पिता और बच्चे मौजूद हैं। मैं आपके सामने शिक्षा के संबंध में विचार रखना चाहता हूँ। मैं नहीं जानता कि आप लोग मेरी बात से कितने सहमत होंगे, लेकिन शिक्षा के बारे में मेरा अपना नजरिया है और यह नजरिया मैं आपके सामने रखना चाहता हूँ।

खूबी पहचानें

सबसे पहले तो मैं यह कहना चाहता हूँ कि हर बच्चा खास है, यह बात मुझे अपने शोध से पता चली है। हर बच्चे में कोई-न-कोई खूबी होती है। अभिभावक होने के नाते यह हमारी जिम्मेदारी है कि हम उस खूबी को पहचानें और उसे निखारने में बच्चे की मदद करें। हम सबमें कोई-न-कोई योग्यता और कमजोरी होती है। मुझमें भी कुछ काबिलियत है, कुछ कमजोरी। हमें देखना होगा कि बच्चे को क्या अच्छा लगता है, उसका दिल क्या चाहता है। हमें उसकी ख्वाहिश को समझना होगा। बच्चे में कोई कमजोरी हो सकती है। हमें उसकी मदद करनी होगी, ताकि वह उस कमजोरी को दूर कर सके।

बच्चे की हँसी

मुझे अकसर तमाम स्कूलवाले गर्व से बताते कि हमारे स्कूल के सभी बच्चे पास होते हैं। हमारा रिजल्ट हमेशा शत-प्रतिशत होता है। मेरा उनसे सिर्फ एक

सवाल है, हमारे कितने बच्चे खुश हैं? पढ़ाई तो अच्छी बात है, पर कितने ऐसे बच्चे हैं, जो खुश हैं। मेरे लिए बच्चों की खुशी, उनकी खिलखिलाहट बहुत मायने रखती है। कहीं पढ़ाई के दबाव की वजह से आपका बच्चा परेशान तो नहीं है, आप उस पर गैर-जरूरी दबाव तो नहीं डाल रहे? मैंने देखा कि लोअर केजी क्लास से ही बच्चे पर रेस में फर्स्ट आने का दबाव होता है। हर माता-पिता चाहता हैं कि उनका बच्चा 'नींबू-चम्मच' रेस में फर्स्ट आए। जी हाँ, वही रेस, जिसमें बच्चे मुँह में चम्मच और नींबू लेकर दौड़ते हैं। बच्चों को सहज रूप से सीखने-पढ़ने का माहौल देना होगा।

गैर-जरूरी रेस

हमारी शिक्षा व्यवस्था ऐसी है कि हम बचपन से ही बच्चे पर फर्स्ट आने का दबाव डालने लगते हैं। ऐसा मेरे साथ भी हुआ है। स्कूल से आते ही हम बच्चे से पूछते हैं, बेटा क्लास में कौन सा नंबर आया? अगर बच्चे ने कहा, सेकेंड तो उसे डाँट पड़ती है। अगर कहीं उसकी रैंक नौ या दस आई, तो उसकी खैर नहीं। भला हर बच्चा फर्स्ट कैसे आ सकता है, यह कैसी रेस हम बच्चे पर थोप रहे हैं? जरा गौर करें, इस तरह का दबाव बच्चे को कहाँ ले जाएगा? फर्स्ट आने की होड़ उसके दिल और दिमाग पर क्या प्रभाव डालेगी? हमें इन प्रश्नों पर विचार करना होगा। मैं चाहता हूँ कि शिक्षा से जुड़े लोग इस पर जरूर सोचें।

बढ़ेगा स्वार्थ

जब हम बच्चे पर सबसे आगे जाने का दबाव बनाते हैं, तो उसके दिमाग में यह बात घर कर जाती है कि चाहे जो हो, मुझे सबको पछाड़ना है। वह सोचता है कि अव्वल आना ही उसकी जिंदगी का मकसद है।

कई बार सबसे आगे जाने की जिद उसे स्वार्थी बना देती है, वह सिर्फ अपने बारे में सोचने लगता है। मैं कहता हूँ कि बच्चा जब स्कूल से घर आए तो पूछें कि बेटा, आज तुमने किसकी मदद की, आज तुम्हारी वजह से किसके चेहरे पर मुसकान आई? हमें उसके अंदर दूसरों की मदद करने की इच्छा पैदा करनी चाहिए। अगर हम बच्चे को ऐसी प्रेरणा देंगे, तो उसका जीवन के प्रति नजरिया ही बदल जाएगा और जब ऐसे बच्चे नौजवान बनेंगे, तब हमारा समाज भी बदल जाएगा। तब हमारे समाज में ऐसे नौजवान होंगे, जो समाज की चिंता करेंगे। तब हम एक बेहतर समाज बना पाएँगे।

नेक इनसान

हमें बच्चों पर अनावश्यक प्रतियोगिता थोपने की बजाय उन्हें अच्छा इनसान बनने की प्रेरणा देनी चाहिए। मेरी ख्वाहिश है कि हमारी शिक्षा व्यवस्था ऐसी हो कि बच्चे बड़े होकर सम्मान की जिंदगी जी सकें। उनके अंदर दूसरों की मदद करने की भावना हो। वे जिम्मेदार नागरिक बनें और वे सिर्फ अपने बारे में नहीं, बल्कि पूरे समाज के बारे में सोचें। पैसा कमाने की धुन नहीं होनी चाहिए। खुद के साथ समाज की चिंता भी जरूरी है।

शिक्षा का मतलब डिग्री नहीं

शिक्षा का मतलब सिर्फ डिग्री हासिल करना नहीं है। मैं समझता हूँ कि शिक्षा डिग्री और अंकों से परे है। शिक्षा का मतलब किताबों में लिखी बातों को रटना नहीं है। शिक्षा वह ज्ञान है, जो हमें सवाल पूछने की हिम्मत, चुनौतियों से निपटने का जज्बा और नई चीजों को खोजने की प्रेरणा देता है। मैं फिल्मों में काम करता हूँ। लोग कहते हैं कि मैं एक अच्छा अभिनेता हूँ, लेकिन मैं आपको बताना चाहता हूँ कि मेरे पास एक्टिंग का कोई सर्टिफिकेट नहीं है। हाँ, मुझे अभिनय पसंद है, यह मेरा जुनून है, मेरा प्यार है, मेरी ताकत है। इसलिए डिग्री के पीछे भागने की बजाय हम वह काम करें, जो हमें पसंद है।

□

शिक्षा के जरिए कायम होगी शांति

—शकीरा

गरीब बच्चों को मुफ्त शिक्षा मिलनी चाहिए। मुफ्त शिक्षा का मतलब दान नहीं है। बच्चों की पढ़ाई पर खर्च करने का मतलब है बेहतर भविष्य के लिए निवेश। स्कूल भेजकर आप उन्हें आतंकवाद, ड्रग्स और अपराध के रास्ते पर जाने से रोक सकते हैं।

इजाबेल मेबारक रिपोल शकीरा गायिका हैं, डांसर हैं और कोरियोग्राफर भी। 'हिप्स डॉन्ट लाई' म्यूजिक अलबम से पूरी दुनिया में सुर्खियाँ बटोरनेवाली कोलंबिया की शकीरा को सामाजिक कार्यों में गहरी दिलचस्पी है। अपने फाउंडेशन के जरिए वे बच्चों की शिक्षा के लिए बड़े स्तर पर काम कर रही हैं। पेश है ऑक्सफोर्ड यूनिवर्सिटी में दिए गए उनके एक भाषण के अंश—

युवा विचार

ऑक्सफोर्ड यूनियन को दुनिया के महान् लोगों ने संबोधित किया है। मैं कोलंबिया की एक साधारण लड़की हूँ। मुझे इस मंच से आपको संबोधित करने का मौका मिला है, यह मेरे लिए गर्व की बात है। यह देखकर अच्छा लगा कि यहाँ इतने सारे छात्र-छात्राएँ मौजूद हैं, लेकिन क्या आपको पता है कि आज यहाँ कोई मनोरंजन नहीं होगा? मैं आपको कोई गीत सुनानेवाली नहीं हूँ, न ही यहाँ कोई डांस

होगा। हम यहाँ कुछ सामाजिक मुद्दों पर बात करेंगे। हम कलाकार लोग बहुत कल्पनाशील होते हैं। जब मैं यहाँ आ रही थी, तो रास्ते में मेरे मन में कई तरह के खयाल आ रहे थे। मैं सोच रही थी कि पहले यह दुनिया कैसी थी और आनेवाले 50 वर्षों में दुनिया कैसी होगी? मैं समझती हूँ कि युवाओं के विचार और उनके इरादे इस दुनिया को बदल सकते हैं।

बेहतर भविष्य

मैं इस बात में यकीन नहीं करती कि पुराने दिन अच्छे थे। मैं मानती हूँ कि आनेवाला कल आज से कहीं बेहतर होगा। जरा कल्पना कीजिए, आज से 50 साल के बाद क्या हालात होंगे, तब कैसी होगी हमारी दुनिया? तब हमारे सामने कौन सी चुनौतियाँ होंगी, जिनसे निपटने की तैयारी हमें आज से ही करनी है? आज हम ऐसा क्या करें कि हमारा आनेवाला कल बेहतर हो सके? भविष्य को लेकर मेरा एक सपना है। मैं चाहती हूँ कि समाज के हालात को सुधारने के लिए जो कुछ करना है, उसे जल्दी किया जाए। लोग कहते हैं कि मेरे अंदर धैर्य नहीं है। हाँ, मैं मानती हूँ कि हम लंबा इंतजार नहीं कर सकते। जो करना है, उसकी शुरुआत आज ही होनी चाहिए।

शिक्षा की ताकत

हम शिक्षा का प्रसार चाहते हैं। यह हमारा संकल्प है। मैं मानती हूँ कि समाज के हालात बदलने का सबसे कारगर जरिया है शिक्षा। शिक्षा के जरिये हम दुनिया की सूरत बदल सकते हैं। ऑक्सफोर्ड जैसे संस्थान इस महान् कार्य में अहम् भूमिका अदा कर सकते हैं। आप जैसे छात्र मिलकर शिक्षा का मजबूत नेटवर्क खड़ा कर सकते हैं। हम सब मिलकर एक-दूसरे को जागरूक बना सकते हैं। नौजवान यह काम आसानी से कर सकते हैं। हमें एक थिंक टैंक बनाना होगा। हमें ऐसे लोगों को एकजुट करना होगा, जो एक-दूसरे को प्रेरित करें, एक-दूसरे को जागरूक बनाएँ। इसी नेटवर्क के जरिए हम सब मिलकर दुनिया के तमाम मसलों का आसानी से हल कर सकते हैं। यह सदी तकनीकी विकास की गवाह रही है। तकनीक ने हमारा जीवन काफी बदल दिया है या यों कहें कि दुनिया मानो आज एक विशाल मोहल्ले में तब्दील हो गई है। आप युवा साथी भविष्य के निर्माता हैं। मुझे बताइए कि तकनीक की मदद से आप कैसे समाज की परेशानियों को दूर कर सकते हैं।

गरीबी और असमानता

मैं मानती हूँ शिक्षा उम्मीदों का टिकट है, शिक्षा सपनों का रास्ता है। आप पूछेंगे कि यह कैसे? मैं कोलंबिया में पैदा हुई। मैंने सामुदायिक संघर्ष और हिंसा का दर्द महसूस किया है। मैंने लोगों को गरीबी और असमानता के दंश को सहते हुए देखा है। विकासशील देशों में शिक्षा विलासिता है, अधिकार नहीं। यहाँ हर बच्चे को शिक्षा नसीब नहीं होती। केवल अमीर संपन्न लोग ही अपने बच्चों को पढ़ने-लिखने की सुविधा दे पाते हैं। मैंने उन गरीब लोगों की तड़प करीब से देखी है, जो तमाम अभावों के बीच अपने नौनिहालों को स्कूल भेजने के लिए जद्दोजहद करते हैं। मैंने ऐसा समाज देखा है, जहाँ गरीबी में जन्म लेने का मतलब है—गरीबी में मर जाना।

असंभव नहीं

मैं नहीं मानती कि हर बच्चे को शिक्षा देना असंभव है। कोई सरकार यह नहीं कह सकती कि यह नहीं हो सकता। सरकार अगर ठान ले, तो हर बच्चे को शिक्षा मिल सकती है। देश के सभी गरीब बच्चों को शिक्षा देने के लिए स्कूल फीस माफ करनी होगी, बेहतरीन टीचर नियुक्त करने होंगे और बच्चों को मुफ्त किताबें देनी होंगी। यह कार्य असंभव नहीं है। किसी भी विकासशील देश में यह किया जा सकता है। हाँ, एक और बात अहम है। हमें हर गरीब बच्चे को फ्री में खाना भी देना होगा। कोई बच्चा भूखे पेट पढ़ाई नहीं कर सकता। मैं यहाँ एक बात साफ कर देना चाहती हूँ कि शिक्षा पर खर्च करने का मतलब यह नहीं है कि आप दान दे रहे हैं या किसी पर एहसान कर रहे हैं। शिक्षा पर खर्च करने का आशय है—भविष्य के लिए निवेश करना। बच्चों को अच्छी शिक्षा देकर आप एक बेहतर देश बनाने की दिशा में महत्त्वपूर्ण कदम उठा सकते हैं। बच्चों को मुफ्त शिक्षा देने का एक फायदा यह होगा कि आप अपने देश में बाल मजदूरी की प्रथा को खत्म कर पाएँगे।

सैनिक नहीं, टीचर

शिक्षा के जरिए दुनिया में शांति और स्थिरता कायम की जा सकती है। तंगी और बदहाली में जी रहे बच्चों के गलत रास्ते पर जाने की आशंका कहीं ज्यादा होती है। आतंकी संगठन उन्हें लालच देकर बहका सकते हैं, वे ड्रग्स और अपराध की दुनिया में जा सकते हैं। बच्चों को स्कूल भेजकर हम उन्हें ऐसा करने से रोक

सकते हैं। मैं चाहती हूँ कि शिक्षा हमारे विश्व शांति के मिशन का हिस्सा हो। हम अफगानिस्तान में शांति मिशन के तहत तीस हजार सैनिक भेजने की बजाय तीस हजार टीचर भेजें, जो वहाँ के बच्चों को पढ़ाएँ, तो कल वे डॉक्टर बनकर सबका इलाज करेंगे, वैज्ञानिक बनकर चाँद पर खोज करेंगे और शांति दूत बनकर दुनिया में अमन फैलाएँगे। शांति मिशन का मतलब दुनिया भर के देशों पर धौंस जमाना नहीं, बल्कि दुनिया को शिक्षित करना है। मैं ऐसे ही सुनहरे भविष्य का सपना देखती हूँ।

□

बच्चा

—विनोदानंद झा

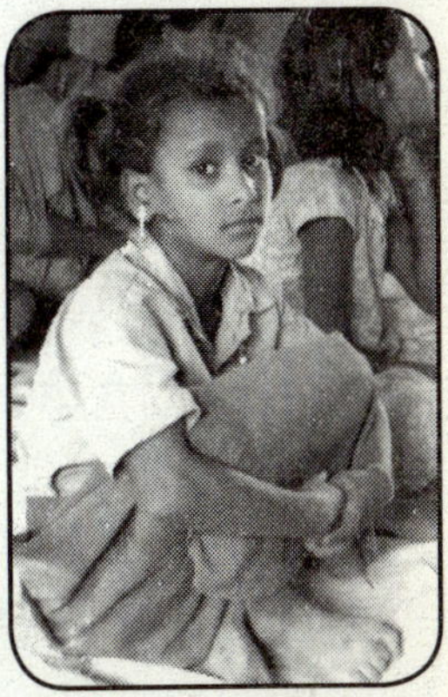

क्या बच्चे द्वारा कही बातों ने कभी आपको अचंभित किया है? अकसर माताएँ चर्चा करती हैं कि जानते हैं, आज मेरी सोनी ने क्या कहा? कभी आपने भी गौर किया होगा कि आपके बेटे ने एक अचरज भरा काम कर दिया और उसे आप अपने परिवार और अपने दोस्तों को सुनाते होंगे। ऐसा इसलिए होता है, क्योंकि हम विभिन्न पूर्वाग्रहों से ग्रस्त होकर बच्चों को कम महत्त्व देकर आकलन करते हैं, जबकि वे हमारे आकलन से ऊपर के स्तर के होते हैं। तभी तो हम उन्हें समझ नहीं पाते हैं। बच्चा कल्पनाशीलता, सृजनशीलता, सीखने की असीम क्षमता लेकर इस धरती पर आता है तथा उसमें असीम जिज्ञासा होती है।

कभी आप छोटे बच्चों के निजी सहजात गुणों या प्रकृति के आधार पर स्वाभाविक रूप से किए जानेवाले क्रियाकलापों या गतिविधियों को गौर से बिना बाधा डाले देखें। आपको आश्चर्य होगा कि उनकी हर हरकत के पीछे कोई राज छुपा हुआ है, जिसे समझने की जरूरत है। वे चीजों को छूते, टटोलते, मरोड़ते, तोड़ते, जोड़ते हैं। परिवेश की बातें जल्दी ग्रहण कर लेते हैं। मात्र तीन साल की उम्र में वे व्याकरण-सम्मत बातें करने लगते हैं। हमें उनके मनोभाव, उनकी बहुमुखी प्रतिभा, मनोदशा, मनोविज्ञान, मनोकामना को समझना होगा, तभी हम उनके मनोबल को बढ़ा सकते हैं।

वैसे तो हम बच्चे की तुलना किसी मूर्त वस्तु के साथ नहीं कर सकते हैं, पर समझने के लिए उदाहरण के तौर पर उसे एक पौधे की तरह कहते हैं। उसके अंदर विकास के सारे गुण और अपनी प्रवृत्तियाँ मौजूद हैं, सिर्फ उसे खाद-पानी व सुरक्षा की जरूरत है। बच्चे जितना इनपुट लेते हैं, उससे कई गुणा ज्यादा आउटपुट निकालते हैं। बच्चे कभी-कभी ऐसे प्रश्न कर बैठते हैं, जिसका कोई उत्तर हमारे पास नहीं होता है, लेकिन वे प्रश्न अकाट्य व युक्तिपूर्ण होते हैं।

सहजात गुण

बच्चों के उन सहजात गुणों को समझना जरूरी है, जो कक्षा के अंदर बच्चों के विकास में हमारी मदद कर सकते हैं। ऐसे कुछ सहजात गुणों की चर्चा यहाँ की जा रही है।

जिज्ञासा

बच्चे स्वभाव से ही जिज्ञासु होते हैं। अपने चारों ओर बिखरी हजारों चीजें उन्हें ज्यादा उत्सुक और अधिक प्रश्न पूछनेवाला बना देती हैं, जिसकी वजह से वे बहुत से प्रश्न पूछते रहते हैं और उनके उत्तर जानने के लिए तत्पर रहते हैं। अगर उन्हें उत्तर मिले तो वे और प्रश्न पूछते चले जाते हैं। उनकी इस उत्सुकता को बढ़ाए जाने की आवश्यकता होती है। अगर किसी प्रश्न के उत्तर से संतुष्ट नहीं होते हैं तो वे स्वयं भी उसका उत्तर ढूँढ़ने का प्रयास करते हैं। क्या बच्चों की उत्सुकता को वास्तव में बढ़ाने की आवश्यकता नहीं है?

सक्रियता

कुछ बच्चे अपनी उत्सुकता के कारण 'शरारत' भी करते हैं, लेकिन इस शरारत का उद्देश्य नुकसान करना नहीं होता, अपितु अपनी जिज्ञासा को शांत करना होता है, जिसे हम अतिसक्रियता कह सकते हैं। बच्चे हर समय कुछ करना चाहते हैं, चाहे जोड़कर या तोड़कर। जोड़-तोड़ से भी वे किसी परिणाम को प्राप्त करना चाहते हैं, वे देखना चाहते हैं कि ऐसा करने से क्या होगा। अत: उनकी सक्रियता का सही उपयोगकर उनकी प्रतिभा को विकसित किया जाना चाहिए, जिससे उनकी सोच एवं क्रियाशीलता में और निखार आए। अधिकांशत: यह देखा जाता है कि जो बच्चे बचपन में शरारती होते हैं, बाद में जाकर वे उतने ही रचनात्मक एवं सुलझे हुए काम करते हैं।

रुचि

बच्चे स्वभाव से चंचल होते हैं। बच्चों का ध्यान एक चीज पर ज्यादा समय तक टिके रहना मुश्किल होता है। उनमें बदलाव के लिए छटपटाहट होने लगती है। तब बच्चों का ध्यान भटकने लगता है। यह भटकाव तब होता है, जब वे वर्तमान स्थिति से दूसरी स्थिति को ज्यादा आनंदमयी समझते हैं एवं दूसरी स्थिति में अपना ज्यादा योगदान दे पाएँगे, ऐसा समझते हैं।

बच्चों को अपनी सक्रियता पर रोक-टोक पसंद नहीं होती, उन्हें आजादी पसंद होती है। ज्यादा रोक-टोक से किसी भी चीज के प्रति उनकी रुचि कम हो सकती है। अत: उनकी रुचि को बरकरार रखने के लिए उन्हें स्वतंत्र रूप से काम करने का मौका देना चाहिए। ऐसे में कई बार उन्हें सोचने-विचारने में खुली छूट की आवश्यकता भी होती है। इसी कारण सीखने-सिखाने की प्रक्रिया में उनकी आजादी को प्राथमिकता मिलनी चाहिए।

इस आजादी में अनुशासन भी होना चाहिए, लेकिन अनुशासन का ढंग ऐसा हो कि बच्चे स्वयं इसका पालन करने को प्रेरित हों। उन्हें ऐसा महसूस न हो कि उन पर बंधन डाला जा रहा है। आम तौर पर बच्चे स्वयं भी स्वभाव से अनुशासन पसंद होते हैं, परंतु वे अनुशासन थोपा जाना पसंद नहीं करते। जिस खेल या काम में उन्हें आनंद आता है, उसमें वे पूरी तरह अनुशासित रहकर भाग लेते हैं। जिस काम में मन लग जाता है, उसमें वे एकाग्रचित्त रहते हैं।

सृजनशीलता

बच्चों में सृजनशीलता होती है। उनकी कल्पना उनकी सृजनशीलता का आधार होती है। उनमें रचने-गढ़ने की अद्‌भुत क्षमता होती है। अत: वे अपने परिवेश की बिखरी अनेक चीजों को देखकर, छूकर, टटोलकर, तोड़कर, जोड़कर सृजन करने का काम करते हैं। अपने मन के अनुसार हर काम में वे कुछ बनाते हैं, भले ही हम उनके सृजन को अपने अनुसार उचित न मानें (शायद हम उनके सृजन को समझने-सराहने की स्थिति में भी नहीं हों), लेकिन कुछ भी काम करने के पश्चात् उनके चेहरे पर संतोष की झलक देखी जा सकती है। उन्हें लगता है कि यह सृजनात्मक काम उन्होंने स्वयं किया है।

बच्चे कल्पना के माध्यम से नई खोज भी करते हैं, भले ही उस खोज को हम उचित सम्मान न दें। वैसे बच्चे बड़ों से उनकी सृजनशीलता के प्रति आदर की

अपेक्षा जरूर रखते हैं, तो बताइए, बच्चों में सृजनशील गुणों का विकास आप कैसे करेंगे, इस पर चिंतन की जरूरत है।

समूह में काम करने की भावना

बच्चे अपने हमउम्र व साथियों के साथ समूह में काम करना पसंद करते हैं। ऐसे में वे अपनी भावनाएँ, कोशिश व अनुभव एक-दूसरे के साथ बाँट सकते हैं। दरअसल अपने आयु वर्ग में बच्चों को अपने मन में उठी भावनाएँ या विचारों को अपने साथियों के सामने व्यक्त करने में ज्यादा सुविधा होती है, क्योंकि प्राय: बड़े बच्चों के सामने अपने आचार-व्यवहार के कारण उनसे सम्प्रेषण के स्तर पर कट जाते हैं और बच्चे उनकी बजाय किसी ऐसे को ढूँढ़ते हैं, जिनके सामने वे अपनी भावनाओं-विचारों को सुविधाजनक तरीके से अभिव्यक्त कर सकें। ऐसी सुविधा उन्हें अपने आयु वर्ग के बच्चों के पास दिखाई पड़ती है, क्योंकि वे उन्हें अपना दोस्त और अपने जैसी स्थितियों के आस-पास मानते हैं, इसलिए वे उनके साथ अपनी भावनाएँ, विचार तथा अनुभव का निस्संकोच आदान-प्रदान करते हैं।

बच्चों की निजी सोच व उनका नजरिया

बच्चों की अपनी निजी सोच होती है। बच्चे अपने-अपने ढंग से चीजों को देखते हैं तथा अपने मन में धारणा बैठाते हैं और धारणा पर कायम रहते हैं। हालाँकि समय-समय पर वे स्वयं भी उस धारणा को बदलते रहते हैं या आंशिक रूप से उसमें संशोधन करते रहते हैं। बच्चों का नजरिया पहचानने के लिए बच्चों के स्तर से सोचने की जरूरत होती है। हमें बच्चों की सोच को नजरअंदाज न करके उनके स्तर के अनुसार सोच/राय बनाने की आवश्यकता है। क्या बच्चों का नजरिया बड़ों से अलग है, कैसे?

पहचानने की क्षमता

बच्चों में दु:ख-सुख, अच्छा-बुरा व अन्य तरह की परिस्थितियों को पहचानने की क्षमता होती है। वे अपने नजरिये से हर बात की एक अलग पहचान बनाने की कोशिश करते हैं। बच्चे तर्क से, युक्ति से सोचते हैं तथा बातों को क्रम से सजाते हैं। उन्हें आवश्यकता होती है सिर्फ एक मददगार की, जो उनकी इस सोच को बढ़ावा दे सके। यह जरूरी है कि बच्चे को अपने सोचने-समझने के ढंग अपनी चिंताओं-समस्याओं आदि के बारे में आदान-प्रदान के मौके मिलें। इसके लिए

बच्चों को आपस में बातचीत के अवसर दिए जाने की जरूरत है। यदि उनका विचारप्रवाह कहीं जाकर रुकने लगे तो उसको पुनः दिशा दिखाकर आगे बढ़ाने के लिए प्रेरित करना उचित होगा। कक्षा के अंदर यह आदत डालना बहुत आवश्यक है।

बच्चों की ग्राह्य क्षमता

प्रत्येक बच्चे की ग्राह्य क्षमता अलग-अलग होती है। कुछ बच्चे कई चीजें एक साथ सीख जाते हैं, जबकि कुछ बच्चे एक बार में एक ही चीज सीख पाते हैं। कई बातें बच्चे स्वयं करके भी सीख जाते हैं। बच्चे अपनी जिंदगी की हर गतिविधि से कुछ-न-कुछ सीखते रहते हैं। अपने परिवेश से अपनी गलतियों से भी वे सीखते हैं।

कई बार, जब हमें लगता है कि बच्चे अनुकरण कर रहे हैं, वास्तव में वे एक प्रयोग कर रहे होते हैं, जिसके परिणाम पर वे तय करते हैं कि आगे उन्हें क्या करना चाहिए, लेकिन इन सबमें बच्चों की ग्राह्य क्षमता उनकी रुचि पर निर्भर होती है। हमारे लिए सवाल है कि उनके सर्वांगीण विकास हेतु हम कहाँ-कहाँ और किस तरह से उनके लिए रुचि पैदा करें।

'बच्चे असफल कैसे होते हैं' के लेखक जॉन हॉल्ट ने अपने शिक्षकीय अनुभव को रखते हुए बताया है कि हम वयस्क अकसर बच्चों के साथ सहज और स्वाभाविक रूप से पेश नहीं आते हैं। हम बच्चों के सामने स्वयं को यों प्रस्तुत करते हैं; मानो हम ही सर्वज्ञ और सर्वशक्तिमान हों। होना यह चाहिए कि बच्चों के साथ हम स्नेह का, आनंद का, प्रसन्नता का सरोकार रखें। बच्चे को सवाल करने की तमन्ना हो, वह प्रश्न उठाने में आनंद महसूस करता हो और जिन प्रश्नों के उत्तर हमें नहीं आते हों, उनके लिए हमारा जवाब होना चाहिए कि इसके बारे में मैं अभी नहीं बता सकता।

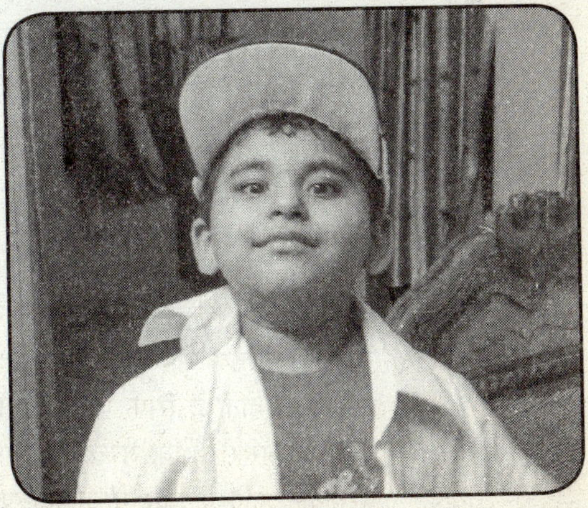

इस प्रकार बच्चों के साथ काम करने के लिए अपनी विद्वत्ता उन

पर थोपने की बजाय, बच्चे के मनोविज्ञान को समझते हुए उनके तरीके से उनके लिए काम करना होगा। बच्चे के सामने अपने आपको इस रूप में पेश करना होगा, ताकि बच्चा बेझिझक स्वयं को अभिव्यक्त कर सके। उनकी समस्याओं, सवालों को उनके नजरिए से देखकर उनके हल में उनकी मदद करनी होगी, तभी हम किसी बच्चे का उचित सहयोग कर सकेंगे। काम तो कठिन है, पर ऐसा भी नहीं कि हम नहीं कर सकें।

□

पढ़ो पूर्वी चंपारण : एक शैक्षिक प्रयोग

—रुक्मिणी बनर्जी

पूरे भारत की तरह बिहार ने भी बच्चों तक स्कूली शिक्षा मुहैया कराने और लगभग सभी बच्चों के स्कूल में नाम लिखवाने के लिए प्रभावशाली कदम उठाए हैं। अब जबकि 6 से 14 साल तक की उम्र के तकरीबन सभी बच्चों के नाम स्कूलों में लिखे हुए हैं, तो जोर स्कूलों के अंदर सीखने के लिए हो रहा है। पिछले दशक या उसके आसपास से बच्चों की गुणवत्तापूर्ण शिक्षा विमर्श का महत्त्वपूर्ण विषय लगातार बना हुआ है। चाहे एनसीईआरटी का स्कूली बच्चों की उपलब्धियों के बारे में सर्वेक्षण हो या एएसईआर द्वारा घर-घर जाकर बुनियादी

पढ़ाई का आकलन, सभी उपलब्ध आँकड़े यही बताते हैं कि बच्चे पाठ्यक्रम के मानदंडों के हिसाब से अपेक्षित स्तर से बहुत पीछे हैं।

बहुत सारे संबंधित कारणों से अनेक बच्चे स्कूल में ज्यादा आगे नहीं बढ़ पाते और पढ़ाई में पिछड़ने लगते हैं। खासकर ग्रामीण समुदायों में बच्चों की बहुत बड़ी संख्या ऐसी है, जिसे घर पर पढ़ाई में मदद नहीं मिल पाती। स्कूल में पढ़ाई-लिखाई पाठ्यपुस्तक पर आधारित होती है और बच्चों से अपेक्षा की जाती है कि वे पाठ्यपुस्तक के साथ-साथ सीखते चलें। अगर बच्चा पढ़ाई में साथ-साथ नहीं चल पाता तो वह पिछड़ने लगता है। यह पिछड़ापन बढ़ता जाता है। परिणामस्वरूप हर कक्षा या ग्रेड में पढ़ने, लिखने और जोड़-घटाव करने की अलग-अलग क्षमताओं वाले बच्चे मिलते हैं। उदाहरण के लिए पाँचवीं कक्षा में आधे से ज्यादा ऐसे बच्चे मिलना कोई अस्वाभाविक नहीं है, जिन्हें उतना भी नहीं आता, जो कक्षा 2 के बच्चों को आना चाहिए।

सीखने के स्तरों में इतने भारी अंतर और विविधता के कारण शिक्षक को संबंधित कक्षा में पाठ्यक्रम या पाठ्यपुस्तक पढ़ाने में कठिनाई होती है। कड़ी मेहनत करने के बाद भी शिक्षक अकसर कुंठित और निरुत्साहित रहते हैं, क्योंकि बच्चों में प्रगति नहीं हो रही होती है। स्कूल आते रहने के बावजूद अनेक बच्चों का मन नहीं लगता, क्योंकि उन्हें लगता है कि वे वह सब नहीं सीख पा रहे हैं, जो उन्हें सिखाया जा रहा है। दूर से देख रहे माता-पिता भी ये समझ लेते हैं कि उनके बच्चे पर्याप्त रूप से नहीं सीख पा रहे हैं और वे स्कूल से निराश हो जाते हैं। अगर बच्चे स्कूल नहीं जाते या शिक्षक नहीं पढ़ाते तो स्वाभाविक रूप से स्थिति बिगड़ती जाती है। सीख पाने की कमी के कारण स्थिति एक तरह से जड़ बन जाती है।

शिक्षा व्यवस्था को फिर से आगे बढ़ाने के लिए इस जड़ता की स्थिति से बाहर निकलना होगा। जो बच्चे पीछे छूट गए हैं, उनपर अलग से ध्यान देने की जरूरत है, ताकि वे इस लायक हो सकें कि जो उन्हें पढ़ाया जा रहा है, उसे समझ सकें। जब यह किया जाएगा, तभी बच्चों को प्राथमिक शिक्षा पूरी करने का और सीखने का संतोषजनक स्तर पाने का वास्तविक अवसर मिल सकेगा। इस प्रक्रिया में पहला चरण बच्चों में बुनियादी कौशल की मजबूती सुनिश्चित करनी है। पढ़ना सीखे बिना बच्चे शिक्षा या जीवन में कोई प्रगति नहीं कर सकते।

पढ़ो पूर्वी चंपारण मॉडल के प्रमुख तत्त्व

जमीनी वास्तविकताओं को देखते हुए, डॉ. विनोदानंद झा (डीईओ) के

नेतृत्व में जिला शिक्षा प्रशासन ने पूर्वी चंपारण में पढ़ाई तेज करने के वृहद मॉडल को आजमाने का निश्चय किया। निर्णय इस कार्यक्रम को बड़े पैमाने पर लागू करके यह देखना था कि स्कूली दिनों में मौजूदा संसाधनों के साथ, किंतु पुनर्व्यवस्थित पठन-पाठन गतिविधियों में केंद्रित दृष्टिकोण अपनाकर क्या नतीजे आते हैं। जिला शिक्षा प्रशासन ने एक जाने-माने स्वयंसेवी संगठन प्रथम से संपर्क किया, जिसने इसी तरीके के साथ बिहार और भारत में अन्य जगहों पर ऐसे ही क्रियाकलाप पहले किए थे। जिला शिक्षा प्रशासन और प्रथम ने मिलकर, तीसरी, चौथी और पाँचवीं कक्षा में पढ़ रहे बच्चों के लिए एक विशेष पठन-पाठन पैकेज तैयार किया। इस योजना को पढ़ो पूर्वी चंपारण नाम दिया गया। समूचा प्रयास पाँच मूल सिद्धांतों के इर्द-गिर्द तैयार किया गया :

- पीछे छूट गए बच्चों को पढ़ने जैसे बुनियादी कौशल के विकास के लिए तत्काल और ठोस सहायता की जरूरत है।
- सीखने के लक्ष्य स्पष्ट रूप से तैयार किए गए और समझाए गए।
- पूर्वी चंपारण में यह लक्ष्य तीसरी, चौथी और पाँचवीं कक्षा के बच्चों को चार माह में दूसरी कक्षा की किताब धाराप्रवाह पढ़ने के योग्य बनाना था। इस लक्ष्य का अभिभावकों और समुदाय के लोगों के बीच व्यापक प्रचार किया गया।
- मूल्यांकन इस प्रयास का अभिन्न अंग था। कार्यक्रम के आरंभ में हर बच्चे का आसान मूल्यांकन किया गया, ताकि प्रत्येक शिक्षक को एक-एक बच्चे की पढ़ाई का मौजूदा स्तर पता रहे। शिक्षक बच्चों की प्रगति परखने के लिए निश्चित अवधि पर आकलन करते रहे।
- खासतौर पर तीसरी, चौथी और पाँचवीं कक्षा के इन बच्चों की सहायता करने का सबसे प्रभावी तरीका, इन्हें कक्षा के बजाय पढ़ाई के स्तर के आधार पर समूहों में बाँटना और उचित क्रियाकलापों और सामग्रियों की सहायता से उन्हें पढ़ाना था।
- बच्चों में सीखने की क्षमता सुधारने का सबसे टिकाऊ तरीका यह सुनिश्चित करना था कि ये प्रयास क्लस्टर रिसोर्स सेंटर कोऑर्डिनेटर जैसे व्यवस्था में शामिल लोगों के ही नेतृत्व में आगे बढ़ाए जाएँ, जो अपने प्रभार के प्रत्येक स्कूल को दिशा-निर्देश दे सकें, सिखा सकें, प्रदर्शन करके समझा सकें, निगरानी कर सकें और मदद कर सकें। ये विशेष पठन पैकेज स्कूल के समय ही संचालित किया गया।

तैयारी का चरण

विकास खंडों का चयन : इस कार्यक्रम में हिस्सा लेने के लिए पाँच विकास खंडों का चयन किया गया। ये थे पताही, ढाका, घोड़ासहन, सुगौली, हरसिद्धि। इनमें से कई इस जिले के शैक्षणिक रूप से पिछड़े विकासखंड हैं।

READING TOOL : HINDI, ASER

राजू नाम का एक लड़का था। उसकी एक बड़ी बहन व एक छोटा भाई था। उसका भाई गाँव के पास के विद्यालय में पढ़ने जाता। वह खूब मेहनत करता था। उसकी बहन बहुत अच्छी खिलाड़ी थी। उसे लंबी दौड़ लगाना अच्छा लगता था। वे तीनों रोज साथ-साथ मौज-मस्ती करते थे।

रानी नदी किनारे रहती है।
नदी में बहुत मछलियाँ हैं।
रानी उनको दाना देती है।
ये सब मजे से दाना खाती हैं।

म र ड
ह च
ल ब न
क य

गाना खुश
मौसी
पैर झोला
किला
आग मोर

सीआरसीसी की पुनश्चर्या और प्रशिक्षण : अगस्त के अंतिम सप्ताह में पाँचों विकासखंडों के सभी सीआरसीसी के लिए प्रथम ने तीन दिनों का प्रशिक्षण आयोजित किया। इनमें कुल 45 सीआरसीसी और 5 विकासखंड संसाधन व्यक्ति थे। एक दिलचस्प अभ्यास में सीआरसीसी से तीसरी से पाँचवीं कक्षा के बच्चों के नामांकन, उपस्थिति और सीखने के स्तर के बारे में उनके अनुमानों के बारे में पूछा गया। जब उन लोगों ने अपने अनुमान लिख लिये तो उन्हें तीन-तीन के समूहों में बाँटकर पाँच स्कूलों में भेजा गया।

हैरानी की बात रही कि बच्चों की हाजिरी के बारे में तो उनके अनुमान स्कूलों में वास्तविक उपस्थिति के काफी निकट थे, लेकिन बच्चों के सीखने के स्तर के बारे में उनके अनुमान वास्तविक स्थिति से बहुत अलग (मसलन, बहुत नीचे) थे। सभी सीआरसीसी के लिए यह तथ्य आँखें खोल देनेवाला था।

इस आसान कार्य ने इस कार्यक्रम का औचित्य प्रतिभागियों के सामने एकदम स्पष्ट कर दिया। यह प्रशिक्षण संवादात्मक और प्रायोगिक था।

पहला दिन पढ़ना सीखने के उपायों को समझने में लगाया गया। औजार और मूल्यांकन की जानकारी का दो तरह से इस्तेमाल किया गया पहला बच्चों को कक्षा

के बजाय उनके पढ़ाई के स्तर के आधार पर समूहों में बाँटना था। दूसरा, बच्चों को निर्धारित लक्ष्य हासिल करने तक उनकी प्रगति की जाँच करनी थी। निर्धारित लक्ष्य सभी बच्चों को कम-से-कम दूसरी कक्षा के स्तर की कहानी धाराप्रवाह पढ़ने और समझने लायक बनाना था।

क्लस्टर कोऑर्डिनेटरों का प्रशिक्षण मूल्यांकन औजार की सहायता से बच्चों के पढ़ने के स्तर के आधार पर समूह (महल) बनाने , और फिर हर स्तर के लिए उचित क्रियाकलापों का अभ्यास करने पर केंद्रित था। इस सबको पास के स्कूलों में लागू किया गया। प्रतिभागियों और प्रशिक्षकों को पास के स्कूलों में जाना होता था, ताकि वे प्रशिक्षकों द्वारा प्रदर्शन देख सकें, और उनकी सतर्क निगरानी में क्रियाकलाप का अभ्यास भी कर सकें।

सीआरसीसी द्वारा अभ्यास कक्षाएँ : प्रक्रिया के अगले कदम में यह तय किया गया कि हरेक सीआरसीसी उन्हीं बच्चों के साथ लगातार 15 दिन तक अभ्यास कक्षा चलाएगा। इससे सीआरसीसी को यह पूरी प्रक्रिया की समझ हो गई कि बाद में उन्हें शिक्षकों को वास्तव में किस तरह से दिशानिर्देश देने हैं। शैक्षणिक नेतृत्व देने के क्रम में यह आवश्यक होता है कि नेतृत्व करनेवाले कार्यकर्ता खुद उस तरह का परिणाम दे सकने में सक्षम हो, जिसकी कि वे शिक्षकों से अपेक्षा करते हैं। 2 या 3 सीआरसीसी ने अभ्यास कक्षा के चरण के दौरान एक स्कूल में एक साथ काम किया। हरेक के पास स्तर के अनुसार बच्चों का समूह था, जिसके

साथ उसे काम करना था।

सीआरसीसी को वास्तविक स्कूली परिवेश में पठन और पाठन की चुनौतियों और जटिलताओं को समझने में अभ्यास कक्षा का काम बहुत कारगर रहा।

इससे उन्हें इस बात का भी प्रत्यक्ष अनुभव हुआ कि जब समूची व्यवस्था (प्रशिक्षण, मूल्यांकन, पठन-पाठन सामग्री) एक बुनियादी लक्ष्य को हासिल करने में जुटा हो, तब बच्चे कैसे प्रगति कर सकते हैं।

अभ्यास कक्षा के आँकड़े दिखाते हैं कि अगर समूचे प्रयास बच्चों को सिखाने के निर्धारित लक्ष्य हासिल करने में मदद के लिए लगे हों, बच्चे बहुत जल्दी सीख सकते हैं। अगर अनुच्छेद और कहानियाँ पढ़ सकनेवाले बच्चों को पाठक माना जाए तो हम देख सकते हैं कि करीब 24 प्रतिशत बच्चे पाठक थे। 15 दिन के दिशा-निर्देशन के बाद यह संख्या 45 प्रतिशत तक हो गई। अभ्यास कक्षाओं के अनुभव ने यह भी बताया कि करके सीखना लोगों को नया तरीका लागू करने के योग्य बनाने का सबसे कारगर तरीका है।

अभ्यास कक्षाओं के आँकड़े : पूर्वी चंपारण में सीआरसीसी, सितंबर, 2012

कक्षा 3-5 पढ़ना स्तर	आधार रेखा		15 दिन बाद अंतिम रेखा	
	बच्चे	प्रतिशत	बच्चे	प्रतिशत
कक्षा	22	2.3	215	22.2
अनुच्छेद	205	21.5	216	22.2
शब्द	206	21.6	261	27
अक्षर	314	32.8	198	20.5
आरंभकर्ता	208	21.8	78	8.1
कुल	955	100	968	100

15 दिनों में ही सुधार दिखने लगा था। सीआरसीसी में उत्साह भी प्रत्यक्ष दिखने लगा था। स्कूल, शिक्षक, और सीआरसीसी ने महसूस किया कि निर्देश कितने प्रभावी और रोचक होने चाहिए, ताकि वे समूची व्यवस्था को ऊर्जावान करने की क्षमता रख सकें, और निर्धारित समय में बड़ा परिवर्तन कर सकें।

क्रियाकलाप पैकेज और उचित सामग्री : पढ़ना सीखने के लिए बच्चों के पास पढ़ने की सामग्री होनी चाहिए, जो उनके अपने-अपने स्तर की हो। कार्यक्रम

में हर बच्चे को एक पुस्तिका दी गई, जिसमें छोटी कहानियाँ और बारहखड़ी का चार्ट भी था। कार्यक्रम की यही एकमात्र अतिरिक्त लागत थी, जिसे एसएसए ने उपलब्ध कराया था। बच्चों के हर समूह के लिए शिक्षक/निर्देशक ने दैनिक आधार पर अलग-अलग क्रियाकलापों को लागू किया था। बुनियादी क्रियाकलापों में निम्न बातें शामिल थीं :

(i) कहानी बोलकर पढ़ना और चर्चा करना : यह पढ़ने के लिए रोल मॉडल उपलब्ध कराने और बच्चों में पढ़ी गई कहानी पर चर्चा करने की क्षमता का विकास करना था।

कहानी की पुस्तिका इसके लिए आवश्यक थी, क्योंकि जब कोई शिक्षक या अन्य छात्र जोर-जोर से कहानी पढ़ते थे, तो अन्य बच्चे भी अपनी पुस्तिका में देखकर उसका अनुसरण करते थे।

कहानी के बारे में चर्चा करने से बच्चों में समझ पैदा करने में और उनमें पाठ को अपने तरीके से प्रस्तुत करने की क्षमता का विकास करने में सहायता मिली।

(ii) बारहखड़ी के चार्ट के क्रियाकलाप : परंपरागत बारहखड़ी चार्ट में पढ़ना सीख रहे बच्चों को दृश्य-ध्वनि संबंध विकसित करने का बेहतरीन अवसर उपलब्ध कराया जाता है। बारहखड़ी चार्ट के साथ अनेक प्रकार के क्रियाकलाप कराए जाते हैं, जिनमें शुद्ध उच्चारण के साथ जोर से पढ़ना शामिल है। बच्चे क्षैतिज रूप में, उर्ध्व रूप में और बीच से पढ़ सकते हैं। अन्य खेल भी बारहखड़ी के साथ खेले जा सकते हैं। इस चार्ट के अभ्यासों में स्वर-व्यंजन की पहचान और बननेवाले शब्द शामिल होते हैं, जो कि पढ़ना सीखने के लिए आवश्यक घटक होते हैं।

(iii) **शब्द खेल :** समूह के स्तर के आधार पर विभिन्न तरह के खेल खेले जाते हैं, ताकि शब्द भंडार, उच्चारण और शब्दों की समझ सिखाई जा सके।

(iv) **लेखन :** छोटे बच्चों के साथ शोध और अनुभव से पता चलता है कि लेखन के क्रियाकलापों से बच्चों को पढ़ना सीखने में मदद मिलती है। इसके अतिरिक्त, छोटी उम्र से ही बच्चों को अपने विचार उनके अपने ही शब्दों में व्यक्त करना सिखाना महत्त्वपूर्ण होता है। इस प्रकार, इस कार्यक्रम में लेखन काल महत्त्वपूर्ण था, जिसे बच्चों में अभिव्यक्ति की क्षमता विकसित करने के लिए तैयार किया गया था।

कार्यक्रम पर अमल

सीआरसीसी कक्षाओं से लेकर शिक्षकों का प्रशिक्षण होने तक कार्यक्रम के अमल में अप्रत्याशित देर हुई। करीब चार माह की यह देरी मुख्य रूप से सामग्री के मुद्रण की अनुमति और मंजूरी में हुई देरी के कारण हुई। दिसंबर, 2012 के अंतिम सप्ताह में पाँचों चुने गए विकासखंडों के हर क्लस्टर में शिक्षकों के लिए प्रशिक्षण आयोजित किया गया। सरकार की ओर से करीब 50 प्रशिक्षक और प्रथम की ओर से 45 प्रशिक्षकों ने मिलकर क्लस्टर स्तर पर 45 जगहों पर 2300 से ज्यादा शिक्षकों के लिए तीन दिन का गैरआवासीय प्रशिक्षण आयोजित किया। ये प्रशिक्षण सीआरसीसी के प्रशिक्षण की तर्ज पर किए गए।

किसी भी सफलता के लिए निगरानी और मौके पर सहायता बहुत जरूरी अंग होते हैं। पढ़ो पूर्वी चंपारण में सीआरसीसी और बीआरपी लोगों ने स्कूल देखने, क्रियाकलापों के प्रदर्शन में और शिक्षकों तथा बच्चों की मदद के क्षेत्र में

काफी समय बिताया।

ज्यादा ठंड, शिक्षकों की हड़ताल और अन्य बाधाओं के कारण होनेवाले बार-बार गतिरोधों के बावजूद कार्यक्रम जनवरी से अप्रैल के अंत तक चला। अंतिम मूल्यांकन मई 2013 में किया गया।

परिणाम

इस पायलट कार्यक्रम में कुल 681 स्कूल शामिल थे। आरंभ में 55,000 से ज्यादा बच्चे शामिल किए गए थे। पाँचों चुने गए विकासखंडों के बुनियादी आँकड़े नीचे तालिका में दिए गए हैं।

क्रम	विकासखंडों का नाम	हर ब्लॉक में स्कूलों की संख्या	3, 4, 5वीं कक्षाओं में दाखिले	पूर्व टेस्ट में शामिल कुल बच्चों की संख्या	कार्यक्रम में शामिल कुल बच्चे (कहानी से नीचे स्तर बच्चे)	बाद के टेस्ट में शामिल कुल बच्चे
1.	ढाका	183	22767	19069	14348	13032
2.	पताही	114	14858	9996	8265	7664
3.	घोड़ासहन	98	15379	10564	8610	7618
4.	सुगौली	137	19599	14465	11892	11392
5.	हरसिद्धि	149	17859	15874	12424	11079
	कुल	**681**	**90462**	**69968**	**55539**	**50785**

चार माह की अवधि में बुनियादी पढ़ने के स्तर में कितना परिवर्तन संभव है? याद रखिए कि पढ़ो पूर्वी चंपारण की कक्षाएँ हर दिन डेढ़ घंटे से ज्यादा की नहीं होती थीं। हमारा अनुमान है कि केवल 60-70 दिनों का डेढ़ घंटे का निर्देशन समय स्कूलों को इस कार्यक्रम के लिए उपलब्ध कराया गया था। आरंभ में तो एक भी बच्चा ऐसा नहीं था, जो दूसरी कक्षा के स्तर की किताब पढ़ पाता। इस अवधि की समाप्ति पर कहानियाँ पढ़ सकनेवाले बच्चे 31 प्रतिशत हो गए। अगर अनुच्छेद स्तर तक पढ़ सकनेवाले बच्चों को इसमें मिला दें तो पढ़नेवाले बच्चों का

कुल प्रतिशत 50 से अधिक हो गया है।

पूर्वी चंपारण जिला : 681 विद्यालय

स्कूल कक्षाएँ 3-4-5 जनवरी-मई 2013

पढ़ाई के विभिन्न स्तरों के बच्चे

पढ़ने का स्तर	टेस्ट के पहले का प्रतिशत	टेस्ट के बाद का प्रतिशत
कहानी	0	31.1
अनुच्छेद	22.8	25.5
शब्द	27.1	24.6
अक्षर	29.7	14.6
आरंभकर्ता	20.4	4.2
कुल प्रतिशत	**100**	**100**
कुल परीक्षा लिये गए	55539	50785

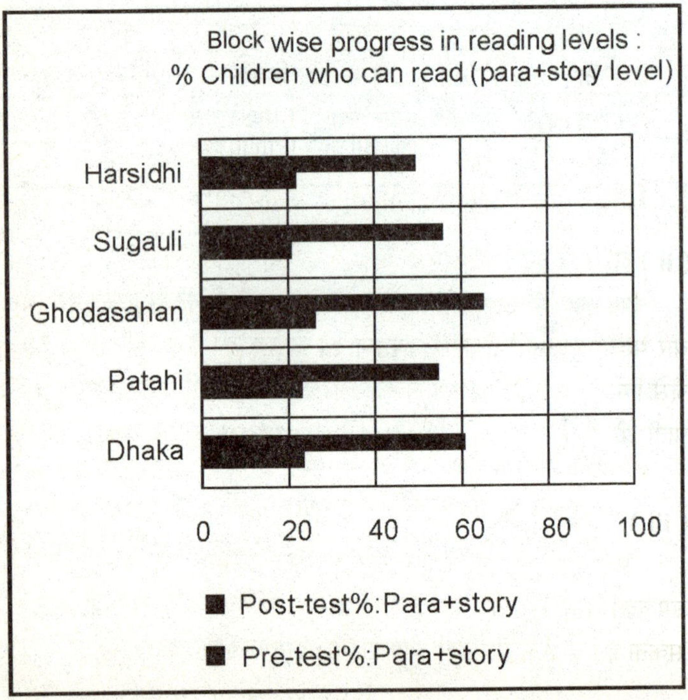

कार्यक्रम का निष्कर्ष :

(i) उपलब्धियाँ

- इस दौरान बच्चों की दैनिक हाजिरी बढ़ी। प्रथम के कर्मचारियों और सीआरसीसी ने यह बात गौर की।
- बच्चों में पढ़ने की क्षमता में वृद्धि दिख रही थी। मूल्यांकन के आँकड़ों ने भी इस सुधार को प्रमाणित किया।
- शिक्षकों और सीआरसीसी ने बच्चों से जिस तरह से बात की, उससे स्पष्ट था कि हर बच्चे की प्रगति पर व्यक्तिगत रूप से ध्यान दिया गया।
- सीआरसीसी और शिक्षकों के बीच सकारात्मक ऊर्जा और उत्साह अधिकतर स्कूलों में दिखा। बच्चे अपने शिक्षण के बारे में सकारात्मकता और तत्परता से जवाब दे रहे थे।
- जिला शिक्षा पदाधिकारी का मजबूत नेतृत्व और कार्यक्रम के प्रति उनकी प्रतिबद्धता का जिला और विकासखंड में टीम के काम पर उल्लेखनीय प्रभाव रहा। इस तरह के पढ़ाई में सुधार के गंभीर कार्यक्रम के पूर्वानुभव नहीं होने के बावजूद जिला और विकासखंड टीमों ने अनुशासित और प्रतिबद्धता के साथ अपने नेता को पूर्ण सहयोग दिया एवं कार्यक्रम को सफल बनाया।

(ii) बाधाएँ और सीमाएँ :

पढ़ो पूर्वी चंपारण की सबसे बड़ी बाधा सामग्री की छपाई में देरी और बार-बार पड़नेवाली छुट्टियाँ और व्यवधान थे। कड़ाके की ठंड या शिक्षकों की हड़ताल जैसे किसी-न-किसी कारण से कई बार स्कूल बंद होते और उनमें पढ़ाई नहीं हो पाती थी।

(iii) आगे की राह :

पढ़ो पूर्वी चंपारण ने एक जीवंत मॉडल प्रस्तुत किया है, जो बताता है कि उपलब्ध संसाधनों और मौजूदा सरकारी स्कूल व्यवस्था के साथ ही क्या संभव हो सकता है। चर्चा है कि पूर्वी चंपारण और इसी तरह के जहानाबाद के अनुभवों का

इस्तेमाल बुनियादी पढ़ाई सुधार कार्यक्रम को समूचे राज्य में लागू किया जाए। यह निश्चित रूप से सही है कि एक जिले के चंद विकासखंडों में ही सही एक अच्छी तरह से किए गए सफल प्रयोग से राज्य में बच्चों के भविष्य के लिए गुणात्मक शिक्षा के लिए सीखने का एक अभियान शुरू हो सकता है।

□

नोट :

1. सभी चित्र : अनूप मुखर्जी, पूर्व मुख्य सचिव, बिहार सरकार।
2. सीखने के इस कार्यक्रम को NUEPA का शिक्षा में नवाचार का राष्ट्रीय पुरस्कार मिला। डॉ. विनोदानंद झा ने केंद्रीय मानव संसाधन विकास मंत्री स्मृति ईरानी से 10 दिसंबर, 2015 को नई दिल्ली में यह पुरस्कार ग्रहण किया। YouTube पर 'Padho Purbi Champaran' का 9:06 मिनट का विडियो द्रष्टव्य है।

कहानी सुनाने का हुनर

—कृष्ण कुमार

बच्चों को कहानी सुनाना वाकई एक हुनर है। आइए, देखते हैं कि कौन-कौन सी बारीकियाँ होती हैं कहानी सुनाने में।

यह बड़े अफसोस की बात है कि हमारे प्राइमरी स्कूलों में पहली दो कक्षाओं के लिए प्रतिदिन कहानी सुनाने की कोई अलग 'घंटी' नहीं होती। यदि ऐसी व्यवस्था होती तो बच्चों को स्कूल में टिकाए रखने की समस्या कम-से-कम एक हद तक सुलझ जाती। बहुत से लोग कहेंगे कि मैं इस समस्या की गंभीरता की अवहेलना कर रहा हूँ। बहुत संभव है कि मेरा सुझाव सुनकर कई ऊँचे अधिकारी हिकारत के भाव से मुसकराएँ। उनके विशाल अनुभव और प्रशासनिक ज्ञान ने यह समझ अवश्य उनके दिमाग से हटा दी होगी, जो मेरी समझ में उनके पास एक समय में जरूर रही होगी कि कहानी सुनाने का बच्चों पर एक जादुई असर होता है।

यह बहुत ही गहरे अफसोस की बात है कि हमारी अध्यापक प्रशिक्षण संस्थाएँ भी कहानी सुनाने को गंभीरता से नहीं लेतीं, हालाँकि उनमें से कुछ अपने पाठ्यक्रम में कहानी सुनाने के महत्त्व का जिक्र जरूर कर देती हैं।

मेरे मन में एक ऐसे दिन की कल्पना है, जब छोटे बच्चों को पढ़ानेवाले हर शिक्षक से यह अपेक्षा की जाएगी कि कम-से-कम तीस पारंपरिक कहानियों पर उसका अधिकार हो। अधिकार से मेरा आशय है कि ये कहानियाँ उसे अच्छी तरह याद हों, ताकि वह उन्हें इत्मीनान और आत्मविश्वास के साथ सुना सके। यह एक ऐसे समाज के लिए कोई बड़ी बात नहीं है, जिसके पास हजारों

कहानियों की एक लंबी विरासत है। तीस ऐसी कहानियाँ, जिन्हें अध्यापक अपनी मरजी से जब चाहें सुना सकें, प्राइमरी स्कूल के पहले दो दरजों का माहौल बदलकर रख देंगी। शर्त इतनी भर है कि दैनिक पाठ्यक्रम में कहानी सुनाने को एक सम्मानजनक जगह इस खातिर दी जाए कि कहानी सुनाना अपने आप में महत्त्वपूर्ण है। कहानियाँ कहाँ से लाएँ?

पिछले पैराग्राफ में मैंने एक विशेषण का इस्तेमाल किया है, जिसे मैं अब आगे बढ़ने से पहले स्पष्ट करना चाहता हूँ। मैंने लिखा है कि मैं पारंपरिक कहानियाँ सुनाने के पक्ष में हूँ। युवा अध्यापकों को कहानी सुनाने का प्रशिक्षण देने का मेरा अनुभव बताता है कि जब उनसे सुनाने लायक कहानियाँ तलाशने को कहा जाता है, तो वे प्राय: बच्चों की किसी पत्रिका में छपी हुई कहानियाँ ले आते हैं। उनमें से कुछ लोग कॉमिक्स कथाएँ उठा लाते हैं और कुछ लंबे चुटकुले और असली घटनाओं के बयान याद करके ले आते हैं। यह सही है कि इस किस्म की सामग्री को भी 'कहानी' की श्रेणी में रखा जा सकता है, लेकिन इस तरह की प्रत्येक कहानी से हम प्राइमरी स्कूल में पढ़नेवाले छह या सात साल के बच्चों पर जादुई असर करने की उम्मीद नहीं कर सकते।

परंपरा से मिली हुई कहानियों में ऐसी विशेषताएँ होती हैं, जो समकालीन कहानियों में, जिन्हें हम विविध रूपों और माध्यमों में देखते हैं, अनिवार्यत: नहीं पाई जातीं। इन विशेषताओं की चर्चा हम जल्दी करेंगे, लेकिन पहले मैं पारंपरिक कहानियों के कुछ स्रोतों का जिक्र करना चाहूँगा। सबसे पहले पंचतंत्र, जातक, महाभारत, सहस्र रजनी चरित्र, विक्रमादित्य की कहानियाँ और विभिन्न इलाकों की लोक-कथाएँ सहज और समृद्ध स्रोतों की श्रेणी में रखी जा सकती हैं। इनके बाद हम कथा सरितसागर, गुलिस्ताँ और बोस्ताँ की कहानियाँ और दुनिया भर की लोककथाओं को रख सकते हैं। ये स्रोत आसानी से उपलब्ध नहीं हैं। इसलिए यदि कोई पाठ्यक्रम में कहानी सुनाने को एक नियमित जगह देना चाहता है तो उसे इन तमाम स्रोतों से चुनी गई कहानियों का एक संकलन बनाना होगा।

कहने लायक कहानी

एक अच्छी कहानी में कौन सी विशेषताएँ होती हैं, यह जानने के लिए एक सरल रास्ता एक ऐसी कहानी की जाँच करने का है, जिसे बच्चे पीढ़ियों से आनंदपूर्वक सुनते आ रहे हैं। पंचतंत्र की शेर और खरगोश की कहानी एक

ऐसा उदाहरण है। इस कहानी का कथानक उतना आसान नहीं है, जितना हम कहानी से अपने परिचय के कारण मान लेते हैं। क्यों न हम पहले इस कहानी के प्रमुख मोड़ याद कर लें।

'कहानी में एक दिन वह आता है, जब नन्हे खरगोश को बूढ़े शेर के सामने पेश होना होता है। शेर के दरवाजे पहुँचने तक खरगोश ने इतनी देर कर दी है कि शेर भूख के मारे पागल हो रहा है। यह निर्णायक क्षण शेर के साथ किसी भी तरह की सौदेबाजी के लिए एकदम अनुपयुक्त है, क्योंकि शेर गुस्से से बुरी तरह भरा बैठा है, लेकिन खरगोश अनुपयुक्त क्षण में अपनी बात रखता है कि उसे इतनी देर कैसे हो गई। रास्ते में एक दूसरे शेर से मिलने की बात पूरी तरह झूठ है, लेकिन यह बात भूखे, नाराज शेर के शाही दिमाग में बैठ जाती है। अब वह अपने प्रतिद्वंद्वी से निपटना चाहता है और इसके लिए वह खरगोश के साथ उस कुएँ की तरफ चल पड़ता है, जहाँ दूसरे शेर के रहने की बात उसे बताई गई है। इस दूसरे निर्णायक क्षण में खरगोश अपनी धोखेबाजी और शेर की पागल नाराजगी और ईर्ष्या, जिसे उसी ने जगाया है, पर भरोसा करके आगे बढ़ता है। कुएँ में अपनी परछाईं देखकर शेर आपा खो बैठता है और कूदकर मर जाता है।

आइए, इस पुरानी परिचित कहानी को जरा बारीकी से देखें। पहली बात तो यह है कि कहानी की विषय-वस्तु में कोई उपदेश नहीं है। उल्टे, यह कहानी सीधे-सीधे इस तरह गंभीर सवालों से जूझती है, जैसे कि किसी भी पाशविक ताकत के सामने या मौत के वास्तविक खतरे से अपने को कैसे बचाया जाए। आमतौर पर बच्चों से बातचीत के दौरान हम ऐसे प्रश्नों को नहीं उठाते, लेकिन जाहिर है कि बच्चों की ऐसे प्रश्नों में गहरी रुचि होती है। हम पूछ सकते हैं कि इस रुचि का क्या कारण है, पर इस सवाल की चर्चा मैं कुछ देर में करूँगा। इस बीच मैं एक और बड़ी विशेषता पर विचार करना चाहता हूँ। यह कहानी एक ऐसे छोटे प्राणी की है, जो एक बड़े ताकतवर प्राणी द्वारा पैदा की गई मुसीबत से जूझ रहा है। इस मुसीबत से बचने के लिए छोटा प्राणी एक ऐसी तरकीब का प्रयोग करता है, जिसे हम आमतौर पर अनैतिक कहते हैं।

इस तरकीब पर अमल करते समय खरगोश व्यक्तित्व के कुछ उम्दा गुणों की मिसाल पेश करता है। इन गुणों में साहस, खतरे के सामने आत्मविश्वास, किसी घटना के अंतिम क्षण तक अपना दिमाग ठंडा रखने की क्षमता और अपने से ज्यादा ताकत और उम्रवाले से उचित बरताव करना शामिल है।

हमें इस बात पर भी गौर करना चाहिए कि कहानी कितनी तेज गति से आगे बढ़ती है। शुरुआत में एक अजीब सी व्यवस्था लागू की जाती है, जिसके तहत रोज एक जानवर स्वेच्छा से बूढ़े राजा का शिकार बनेगा। इस तरह दैनिक व्यवस्था स्थापित होने के बाद जल्दी ही छोटे खरगोश की बारी आती है और कहानी का केंद्रीय हिस्सा प्रकट होता है। बाकी घटनाएँ बहुत तेजी से घटती हैं, क्योंकि अपने को बचाने की एक खतरनाक रणनीति तय कर लेने के बाद खरगोश एक भी क्षण बरबाद नहीं कर सकता। कहानी सुननेवाला संवादों के जरिए एक के बाद एक स्थिति से 'धक्का' रखते हुए आगे बढ़ता है। यह स्पष्ट रहता है कि सुननेवाले के पास इस बात का कोई विकल्प नहीं है कि वह स्थिति को खरगोश की निगाह से देखे।

यह संक्षिप्त विश्लेषण उन कारणों की पहचान के लिए पर्याप्त है, जिनसे इस कहानी को बच्चों के बीच भारी लोकप्रियता मिली है। सबसे पहली बात यह है कि कहानी उन्हें एक ऐसा चरित्र यानी हीरो देती है, जिसके साथ वे पूरा तादात्म्य बैठा सकते हैं। यह चरित्र है खरगोश। कहानी में उसकी भूमिका उसी तरह की चुनौतियों और मुसीबतों से गुजरती है, जैसी कि बच्चे अपने दैनिक जीवन में अकसर महसूस करते हैं। वह छोटा और शक्तिहीन है, उसे एक ऐसा काम करना है, जो वह करना नहीं चाहता, उसे एक ऐसे प्राणी के हाथों मारे जाने का डर है, जिसके पास पूरी सत्ता भी है और शारीरिक ताकत भी। खरगोश की परिस्थिति के इन पहलुओं से मिलते-जुलते पहलू हर बच्चे की जिंदगी में उभरते हैं, यद्यपि हम उन्हें अकसर देख नहीं पाते, क्योंकि हम माता-पिता और अध्यापक की भूमिकाएँ निभाने में बेहद व्यस्त रहते हैं। उदाहरण के तौर पर हममें से बहुत कम लोग यह जानते हैं कि अचानक होनेवाली मृत्यु का डर बचपन में चिंता के सबसे बड़े स्रोतों में शामिल है। किसी बड़े और मजबूत व्यक्ति से आमना-सामना होने की आशंका भी इसी प्रकार की चिंता पैदा करती है।

कहानी शुरू होते ही बच्चों का ध्यान इसलिए खींचती है, क्योंकि बच्चे स्वयं को कहानी में देख सकते हैं। इसके बाद कहानी में होनेवाली घटनाओं से उनके आकर्षण को बल मिलता है। नन्हा खरगोश एक रणनीति चुनता है और वह कारगर सिद्ध होती है। वह न केवल उसके लिए सफल होती है, बल्कि समस्या को हमेशा के लिए और सबके लिए खत्म कर देती है। छोटे बच्चों को इसी तरह का हल पसंद आता है। खरगोश की रणनीति के आकर्षण का एक

और कारण यह है कि वह बच्चे में हमेशा पाई जानेवाली एक भोली-भाली इच्छा पर आधारित है, बहाना बनाने की इच्छा। देरी से आने के खरगोश द्वारा दिए गए बहाने में एक और आकर्षण यह है कि उसका उद्देश्य अपनी जान बचाना नहीं, शेर को मारना भी है। वास्तव में खरगोश की दुविधा इसलिए इतनी कठिन है कि क्योंकि वह अन्यायी को जान से मारे बगैर खुद को बचा नहीं सकता। इसी तरह कहानी बच निकलने का एक जबरदस्त नाटक पेश करने के लिए बहादुरी से किए गए नाश का इस्तेमाल करती है। यदि उसमें कोई नैतिकता है तो वह आत्म-रक्षा की नैतिकता ही है। इस बात को भी हम तभी ठीक से देख सकते हैं, जब हम कहानी को बच्चे की निगाह से देखें। यदि हम बड़ों की निगाह से इस कहानी को देखने की जिद करें तो हम इसी निष्कर्ष पर पहुँचेंगे कि यह एक अनैतिक कहानी है, जैसी कि दरअसल है भी।

जरूरत क्या है?

अब तक यह स्पष्ट हो गया होगा कि बच्चों के लिए एक अच्छी कहानी सुनने का नैतिकता या नैतिक शिक्षा से कोई संबंध नहीं है या कम-से-कम सीधा संबंध नहीं है। अधिक गहरे स्तर पर खरगोश और शेर की कहानी में एक प्रेरक बात है। वह दिखाती है कि खतरे के सामने दिमाग ठंडा रखने के क्या फायदे हैं। कहानी यह भी दिखाती है कि सोच-समझ और कल्पना से काम लेना कितना महत्त्वपूर्ण है, लेकिन ये बातें पारंपरिक अर्थ में 'नैतिक शिक्षा' नहीं कही जा सकतीं। वास्तव में महान् पारंपरिक कहानियाँ शायद ही पारंपरिक अर्थ में नैतिक शिक्षा देती हों। हमारे लिए ज्यादा जरूरी इस बात पर गौर करना है कि कहानी सुनाने का उद्देश्य बच्चे का नैतिक विकास करना नहीं है। कहानी सुनाने से होने वाले लाभ काफी अलग हैं और वे इस प्रकार हैं—

कहानियाँ अच्छी तरह सुनने की क्षमता का विकास करती हैं

अच्छा श्रोता कौन है? वह जो अंत तक सुनता रहे। यह बात हम बहुत से लोगों के बारे में नहीं कह सकते, यहाँ तक कि औपचारिक बहसों के दौरान भी लोग लगातार टोकते रहते हैं। इसका कारण उनकी यह मानकर चलने की आदत है कि उन्हें पहले से पता है कि बोलनेवाला क्या कहेगा। एक और कारण यह है कि उनमें सुनने का धैर्य नहीं होता। आश्चर्य की बात नहीं कि सुनने को अब

सिर्फ एक कौशल नहीं, बल्कि एक रवैया माना जाने लगा है, जिसे प्रोत्साहित करने के लिए ऊँचे स्तर के प्रबंधन और प्रशासन के कोर्स उपलब्ध हैं। कहानी सुनाने से हमारी जिंदगी के उस निर्णायक दौर में धैर्यपूर्वक सुनने की क्षमता विकसित होती है, जब सुनने की आदत और उसमें निहित रवैया जीवन भर चलनेवाली आदतों का रूप ले सकते हैं। यह बात थोड़ी अजीब है कि अच्छे श्रोता हमारे उस देश में दुर्लभ हो गए हैं, जहाँ एक पुरानी और मजबूत मौखिक संस्कृति रही है। मेरा अंदाज है कि इस परिस्थिति का संबंध बचपन में कहानी सुनाने की अवहेलना से है। ऐसा लगता है कि आधुनिक भारत के पास बच्चों को नियमित रूप से कहानी सुनाने का समय नहीं है। इस कमी के परिणाम अब स्पष्ट होते जा रहे हैं।

कहानी सुनाने से अंदाज लगाने का प्रशिक्षण मिलता है

अपनी पसंद की कहानियाँ बच्चे बार-बार सुनना चाहते हैं। इसका कारण यह है कि कहानी से एक बार अपना परिचय हो जाने पर वे इस परिचय का इस्तेमाल गौर से सुनने की अपनी बढ़ती हुई क्षमता का परीक्षण करने के लिए करते हैं। स्वाभाविक है कि यह परीक्षण अनजाने में होता है। बच्चों को इस बात से खुशी होती है कि कहानी को दूसरी या तीसरी बार सुनते समय वे सफलतापूर्वक अंदाज लगा सकते हैं कि आगे क्या होगा। अंदाज के सही सिद्ध होने का आनंद ही वह इनाम है, जो कहानी सुनने से एक अनुभवी श्रोता को मिलता है और यह सिर्फ आनंद नहीं है। इससे कहानी सुननेवाले बच्चे की अंदाज लगाने की क्षमता से विश्वास बढ़ता है। सर्वांगीण विकास में इस विश्वास की एक गहरी भूमिका होती है, खासकर पढ़ने की क्षमता के विकास में। यह क्षमता स्कूल के शुरुआती दो वर्षों की सबसे बड़ी चुनौती होती है। साक्षरता और पढ़ने की क्षमता के विकास में अंदाज लगाने की क्षमता के योगदान की विस्तृत चर्चा मैंने अपनी पुस्तक 'बच्चे की भाषा और अध्यापक' में की है।

अंदाज लगाने की क्षमता का महत्त्वपूर्ण योगदान अन्य विषयों, विशेषकर गणित और विज्ञान में भी है। गणित की पढ़ाई में नियमों के इस्तेमाल से समस्या का हल निकालने का सैद्धांतिक महत्त्व है। कहानियों में भी नियम होते हैं। फर्क यही है कि ये नियम रूपकों की शक्ल में होते हैं। मिसाल के तौर पर कई कहानियाँ इस नियम का पालन करती हैं कि छोटे प्राणी बड़ों को धोखा देकर

विजय प्राप्त करते हैं। खरगोश और शेर की कहानी में यही होता है। कहानियाँ सुनते-सुनते बच्चे उनमें निहित नियम पकड़ लेते हैं और यह पकड़ उनकी अंदाज लगाने की क्षमता को बेहतर बनाती है।

कहानियाँ हमारी दुनिया फैलाती हैं

मैं उस दुनिया की बात कर रहा हूँ, जिसे हम अपने सिर या दिमाग में लेकर चलते हैं। कहानियाँ उसे इस अर्थ में फैलाती हैं कि हम उनके जरिये ऐसे लोगों और स्थितियों को जान लेते हैं, जिनसे हमारा वास्ता अपनी जिंदगी में कभी नहीं पड़ा।

सवाल है कि ऐसे लोगों या स्थितियों को जानने से क्या फायदा है ? फायदा यह है कि जीवन का अंग हैं। भले हम व्यक्तिगत रूप से उन्हें न जानते हों, पर वे हमें दिमागी रूप से परेशान करती हैं, खासकर बचपन में; लेकिन एक सामान्य अर्थ में यह परेशानी जीवन भर चलती है। उदाहरण के लिए छोटे बच्चे बुरे आदमियों की फिक्र करते रहते हैं। भले ही उनके आसपास कोई बहुत बुरा आदमी न हो। इसी तरह वे भीतर से यह आशा करते हैं कि उन्हें किसी बेहद होशियार, सुंदर या अच्छे इनसान से मिलने का मौका मिलेगा। आदर्श रूप की कल्पना और भयंकर विपत्ति का डर, दोनों ही बाल-मनोविज्ञान में शामिल हैं। पारंपरिक कहानियाँ इस मनोविज्ञान को व्यक्त करती है और इसलिए वे बच्चों को आसानी से खींच लेती हैं। कहानी सुनने से छोटा बच्चा, जो अभी साक्षर नहीं बना है, अपनी वास्तविक दुनिया से कहीं बड़ी दुनिया के कल्पित रूप का अनुभव पा लेता है।

एक बात और भी है कि कहानियों से मिलनेवाला अनुभव बेतरतीब नहीं होता। उलटे यह अनुभव हमारी अराजक दुनिया को एक संतोषजनक क्रम या बुनावट में ढाल देता है। एक गहरे अर्थ में यह एक 'नैतिक बुनावट' होती है, लेकिन एक आम अर्थ में नहीं। कमजोर जीतता अवश्य है, लेकिन कई बार गलत साधनों का प्रयोग करके। भूखे शेर से खरगोश का झूठ बोलना एक उदाहरण है।

कहानी सुनाना और पढ़ना

अंत में कहानी कहने का महत्त्व हम बच्चे के भाषायी साधनों के विस्तार में देख सकते हैं। शब्द एक बहुत ही निजी संपत्ति होते हैं। वे हमें एक बहुत

निजी अर्थ में संसार की चीजों को अलग-अलग नाम देने की क्षमता देते हैं, लेकिन दूसरी तरफ शब्द एक ऐसी सामाजिक संपत्ति भी है, जिसका इस्तेमाल हम दूसरों से अपने अनुभव बाँटने के लिए करते हैं। शब्दों की यह दो-तरफा प्रकृति ही उन्हें अर्थ देती है। उदाहरण के लिए बच्चे को अपने निजी अनुभव से यह मालूम होता है कि भूख लगने पर शेर को कैसा महसूस हो रहा होगा। कहानी बच्चे को 'भूखा' शब्द का अर्थ इस तरह फैलाने में मदद देती है कि उसमें शेर भी शामिल हो जाए। बच्चे जितनी ज्यादा कहानियाँ सुनेंगे, उनकी शब्दावली में उतना ही दूसरों के अनुभवों का अर्थ शामिल करने का सामर्थ्य आता जाएगा। इस तरह देखें तो बचपन में सुनी गई कहानियाँ आगे चलकर पढ़ने की क्षमता का आधार बनती हैं।

वास्तव में कहानी के संदर्भ में ऊपर कही गई चारों बातें पढ़ने पर भी लागू होती हैं। पढ़ने की क्षमता बच्चों का परिचय भाषा में निहित नियमों और संरचनाओं से कराती है। अच्छी तरह पढ़ने की क्षमता होशियारी से अंदाज लगाते चलने की आदत पर निर्भर है। भाषा के नियमों से परिचित होकर बच्चे यह अंदाज लगा लेते हैं कि वाक्य या कथन में आगे क्या आनेवाला है। इस दृष्टिकोण से कहानी सुनाना बच्चों को साक्षर बनाने के लिए उपयोगी है।

कहानी सुनाने का कौशल

कहानी सुनाने की कला पर अधिकार पाने के इच्छुक व्यक्ति के लिए जरूरी है कि वह स्मृति को गंभीरता से ले। यदि कहनेवाले को कहानी ठीक से याद नहीं है तो वह अच्छी-से-अच्छी कहानी को भी चौपट कर सकता है। याद कर लेने से आत्मविश्वास बढ़ता है और कहानी कहनेवाला इत्मीनान महसूस करता है। कहानी सुननेवालों से रिश्ता बनाने के लिए इत्मीनान या चैन बहुत जरूरी है। दूसरी बात यह है कि जब तक कहानी अच्छी तरह याद हो जाती है तो कहनेवाला उसे एक खाके या खाली नक्शे की तरह इस्तेमाल कर सकता है। इस नक्शे को अपनी सुविधा या सुननेवाले के मूड के अनुसार भरा जा सकता है। कहानी को छोटा या बड़ा करना बहुत महत्त्वपूर्ण होता है। किसी दिन आप चाहते हैं कि जल्दी-जल्दी उस बिंदु पर पहुँच जाएँ, जहाँ खरगोश शेर के सामने खड़ा है। किसी और दिन आपकी इच्छा होती है कि कहानी के पहले हिस्से को फैलाएँ, इस बात की विस्तृत चर्चा करें कि भोजन के इंतजार में शेर के मन में

कैसे-कैसे विचार आ रहे होंगे और शेर की गुफा की तरफ जाते हुए खरगोश के दिमाग में कौन-कौन सी बातें और रणनीतियाँ उभर रही होंगी।

कहानी को लेकर बच्चों के साथ संवाद कई तरह के विकल्प पेश करता है। आप चाहें तो नाटकीय ढंग से दो आवाजों में बोलें, इशारों या मुद्राओं से भी काम लें। संवाद को सजीव बनाने के लिए आप हाथ की कठपुतलियों का प्रयोग भी कर सकते हैं। आप कमरे के एक कोने से दूसरे कोने तक चलकर दोनों भूमिका खुद निभा सकते हैं। ये सभी संभावनाएँ रोचक हैं और वे हमें इस बात की चुनौती देती हैं कि हम एक ही कहानी को साल-दर-साल या एक ही साल में कई बार सुनाते हुए अपना सामर्थ्य बढ़ाते चलें।

कहानी सुनाना यदि किसी शिक्षक की दैनिक जिंदगी में शामिल है तो वह कभी उबाऊ नहीं हो सकती, पर कहानी को रोज की घटना बनाने के लिए यह जरूरी है कि हम प्राइमरी स्कूल के पाठ्यक्रम की अपनी धारणाओं को गंभीरता पूर्वक बदलें।

□

प्राथमिक स्तर पर भाषा-शिक्षण

—विनोदानंद झा

भाषा को आम तौर पर हम एक माध्यम मानते हैं, जिसके द्वारा अपने विचारों एवं अनुभवों को व्यक्त किया जा सके, परंतु संप्रेषण के साधन के अलावा भी भाषा कई प्रकार से हमारे लिए उपयोगी है। जब हम दूसरे व्यक्ति, समाज या दुनिया से संपर्क करते हैं तो वह संप्रेषण का माध्यम बनती है, परंतु जब हम अपने आपमें कुछ सोचते हैं, अनुभव करते हैं, तर्क करते हैं, सपना देखते हैं, वहाँ भाषा की हमारे लिए एक नई भूमिका होती है। स्मृति, कल्पना, तर्क, प्रसन्नता, क्रोध, ममता आदि की स्थितियों में भी हम भाषा से सहयोग लेते हैं एवं उसके सहारे अपने अंतर्मन में एक छवि या बिंब का निर्माण करते हैं। बच्चों के लिए भी भाषा विभिन्न भूमिका में उसके साथ होती है और निरंतर बढ़ती जाती है।

भाषा बच्चों के बौद्धिक एवं मानसिक विकास का आधार है और माध्यम भी, लेकिन भाषा यह भूमिका निभा सके, इसके लिए जरूरी है कि बच्चे स्वाभाविक रूप से भाषा सीखें। स्वाभाविक रूप से तात्पर्य है कि बच्चे कक्षा में भाषा का सहज ढंग से उपयोग करें। इसके लिए उन्हें सार्थक संदर्भ देने की आवश्यकता है। शिक्षकों को ऐसे सार्थक संदर्भों की रचना करनी होगी, जिससे बच्चे कविताएँ-कहानियों के माध्यम से स्वाभाविक रूप से कल्पना करना, तर्क करना सीखें। कविता, कहानी पर बात कर सकें एवं बेझिझक अपना मत दे सकें।

बच्चों द्वारा प्रयोग की गई भाषा पर अध्यापक द्वारा दी गई प्रतिक्रिया बच्चों की भाषा के विकास में अहम भूमिका निभाती है। शिक्षक द्वारा नकारात्मक प्रतिक्रिया जहाँ बच्चों की भाषा को अवरुद्ध कर देती है, वहीं सकारात्मक प्रतिक्रिया उसके विकास की नई संभावनाएँ जगाती है।

भाषा एक लचीला माध्यम है, जिसे हम जीवन की आवश्यकताओं एवं परिस्थितियों के अनुसार ढाल सकते हैं। भाषा का लचीले ढंग से इस्तेमाल करने की क्षमता काफी हद तक यह तय करती है कि हम जीवन की विभिन्न स्थितियों का सामना कैसे करेंगे। भाषा हमारी अपेक्षाओं को प्रभावित करती है।

भाषा के लचीलेपन के कारण ही कोई व्यक्ति एक ही विषय को लेकर विभिन्न व्यक्तियों (जैसे-अपने पिता, बेटा, पत्नी) को पत्र लिखता है, तो उसकी भाषा बदल जाती है। यदि अपने पदाधिकारी को पत्र लिखता है तो विषयों के परिप्रेक्ष्य में भाषा का स्वरूप बदल जाता है।

संदर्भ—सेना के जवान अधिकारी परेड या युद्ध के समय अलग भाषा में बात करते हैं और वही जवान सामाजिक जीवन में अलग ढंग से भाषा का प्रयोग करता है, अर्थात् एक ही व्यक्ति अलग-अलग स्थानों पर अलग-अलग उद्देश्यों की पूर्ति के लिए अलग-अलग भाषा-शैली का प्रयोग करता है। विभिन्न पेशों से जुड़े लोग अपने पेशे के अनुरूप भाषा का प्रयोग करते हैं। यह भाषा के लचीलेपन के कारण ही संभव हो पाता है।

पाठ्य-पुस्तक की सीमाएँ

हम जानते हैं कि विद्यालय आने के पूर्व बच्चों के पास विशाल शब्द भंडार होता है। वे अपने आस-पास के पर्यावरण से पूरी तरह परिचित होते हैं। विभिन्न प्रकार के पर्व-त्योहारों, गीतों-कविताओं, कहानियों को जानते हैं। उनके पास एक विशेष प्रकार की भाषा-क्षमता होती है।

हमारा दुर्भाग्य है कि शिक्षा-प्रणाली में विद्यालयों और पाठ्य-पुस्तकों आदि में प्रयोग की जानेवाली भाषा घर और दोस्तों के साथ बोली जानेवाली भाषा से अलग होती है। आम तौर पर विद्यालय में प्रयोग की जानेवाली भाषा का विद्यालय की चहारदीवारी के बाहर बच्चे कम ही उपयोग करते हैं। स्कूलों में शिक्षक व्यवस्थागत विवशताओं के कारण बच्चों के पूर्व ज्ञान, समझ, कल्पना एवं भावनाओं को नहीं समझकर कृत्रिम भाषा पढ़ाने लगते हैं। यहाँ पर बच्चों को बड़ा आघात लगता है। वे प्रश्न करते हैं कि अब तक जो सीखा, जो समझाया गया, वह गलत था क्या? यह उनकी कल्पना की उड़ान एवं अभिव्यक्ति की स्वतंत्रता पर आघात होता है। भाषा सीखने का उद्देश्य, उसमें डूबने, आनंद लेने का अवसर उनसे छिन जाता है। पाठ्यक्रम की कृत्रिम भाषा अपने आपमें कोई विशेष गुण नहीं रखती है। ऐसी स्थिति में हमें विचार करना होगा कि प्राथमिक कक्षाओं में बच्चों की बोली के प्रति

हम कितने संवेदनशील हैं?

पाठ्य-पुस्तकों में जो पाठ लिये जाते हैं, वे बच्चों के संदर्भ के नहीं होते हैं। यह उन्हें रुचिकर नहीं लगता है और भाषा पढ़ने का आनंद जाता रहता है। कविता, कहानियों को इस उद्देश्य से पढ़ाया जाता है कि वे मात्र उत्तर देंगे।

इससे बच्चों को कल्पना करने, अंदर से खुलने का अवसर नहीं मिल पाता है। पढ़ाई जो एक आनंददायी प्रक्रिया है, उनके लिए एक बोझ बन जाती है। हमारे पाठ्यक्रमों में कई ऐसे बिंदु निर्धारित हैं, जिन्हें बच्चा विद्यालय आने से पूर्व जान चुका होता है। उसे पाठ्यक्रम में डालने से शिक्षक एवं छात्र दोनों का समय नष्ट होता है।

भाषा-शिक्षण की जिन विधियों का उपयोग विद्यालय में हो रहा है, उसके पूर्वज्ञान को पूरी तरह नकार दिया जाता है। बच्चों के पूर्व ज्ञान को नकार देने का मतलब होता है; उनके संपूर्ण व्यक्तित्व को नकार देना। ऐसी परिस्थिति में बच्चों का मन विद्यालयों में कदापि नहीं लगेगा। भाषा शिक्षण क्या बच्चों के आस-पास के वातावरण और उनकी रुचि से जुड़ा हुआ नहीं हो सकता?

भाषा को समझने व उसकी अभिव्यक्ति को सशक्त बनाने के स्थान पर पाठ्य-पुस्तकों में चयनित रचनाओं पर केंद्रित प्रश्नों के सही उत्तर याद करने पर ज्यादा ध्यान दिया जाता है। विद्यालयों में भाषा सिखाने के केंद्र में होते हैं—लिपि, वर्तनी, सुंदर लिखावट व व्याकरण।

महत्त्व की दृष्टि से समय के असंतुलित विभाजन के कारण भाषा से खेलने, उसमें डूबने, उसका एहसास करने व आत्मसात् करने का समय नहीं मिल पाता है। आज की तारीख में भाषा की कक्षा में शिक्षक क्या भाषा से खेलने, उसमें डूबने, उसे एहसास करके आत्मसात् करने का अवसर दे पाते हैं, अगर नहीं, तो हमें क्या करना चाहिए?

क्या यह आवश्यक नहीं है कि प्राथमिक स्तर पर बच्चों को मानक भाषा सिखाने की अपेक्षा उसे अपनी भाषा में अपने विचारों और भावनाओं को व्यक्त करने के लिए प्रोत्साहित किया जाए और धीरे-धीरे एक सामंजस्य स्थापित करते हुए तब मानकीकृत भाषा सिखाई जाए?

बच्चा जब विद्यालय जाता है तो अपने घर में बोली जानेवाली भाषा का प्रयोग करता है, जैसे—घइला, माई, कुकुर, गिट्टी, गाछ आदि। यदि बच्चा पेड़ की जगह गाछ का प्रयोग करता है तो हमें यह समझना चाहिए कि बच्चे में पेड़ की पूरी समझ है। शुरू-शुरू में इनके शब्दों को प्रोत्साहन देते रहना उचित होगा। बच्चा आगे

चलकर स्वयं सीख जाएगा कि गाछ और पेड़ एक ही हैं और यदि सीधे हम कहें कि गाछ नहीं, पेड़ कहो, तो गाछ से पेड़ तक पहुँचने में जो खालीपन रह जाएगा, वह उसके सीखने में बाधक होगा। उसके मन में गाछ और पेड़ में भ्रम पैदा होगा।

शिक्षक कक्षा में बच्चों से बातचीत कर, उनके घर की भाषा का पताकर उनके शब्दों को पहचान लें, फिर उन शब्दों को स्कूल की भाषा में परिवर्तित करने के लिए संदर्भ की रचना करें, ताकि बच्चा बिना फर्क या भ्रम महसूस किए उसे समझ ले।

भाषा शिक्षण कैसे?

भाषा सिखाने में बच्चों के समक्ष कुछ ऐसी परिस्थितियाँ रचनी चाहिए, जिससे बच्चों में कुछ सोचने, समझने, चिंतन और अभिव्यक्ति की क्रियाएँ स्वत: होने लगें। उनके मन-मस्तिष्क कुछ कहने लगें, जैसे—आकाश में उड़ती पतंग का चित्र दिखाकर बच्चे से कुछ प्रश्न करना या उसके बारे में सोचने के लिए कह देना कि उक्त चित्र में तुम क्या-क्या देख रहे हो, हवा किस ओर बह रही है, दिन का कौन सा समय होगा? लड़के ही क्यों पतंग उड़ा रहे हैं, लड़कियाँ क्यों नहीं, जबकि वे धागा लपेटनेवाली (फिरनी) को पकड़े हुए हैं?

भाषा सीखने में जिज्ञासा का बहुत महत्त्व है। इसके लिए बच्चे के समक्ष कुछ वैसी बातें, घटनाएँ, खेल, विस्मय कर देनेवाली चर्चा करानी चाहिए, जिससे बच्चा आपकी बात सुनकर कुछ कहने, कल्पना करने लगे। क्या, कैसे, क्यों? के प्रश्न मन में उठने लगे अर्थात् रहस्यमय चर्चा बच्चों के सिखाने में काफी मददगार होगी।

भाषा में सार्थक उपयोगी संदर्भ देना बच्चों के भाषा-कौशल को विकसित करने में सहायक एवं महत्त्वपूर्ण है। भाषा में संदर्भ वैसा हो, जो बच्चे के स्तर, अनुभव और परिवेश के आधार पर हो। कोई ऐसा संदर्भ नहीं होना चाहिए, जिसमें बच्चा भयभीत हो या दबाव का अनुभव करे अर्थात् बच्चे को कक्षा में सुनने, बोलने, लिखने, पढ़ने के दौरान अभिव्यक्त करने का भरपूर अवसर मिले। बच्चे के साथ वैसी चर्चा करें, जिसके बारे में उसके अनुभव उसके परिवेश के हों। बच्चे की हर बात, हाव-भाव, स्मरण, अभिव्यक्ति को ध्यानपूर्वक स्वयं सुनते और समझते जाएँ और देखें कि बच्चे भाषा को कहाँ तक समझ पाते हैं। भाषा के कौशल हैं—सुनना, बोलना, पढ़ना, लिखना, जिन्हें करके ही सीखा जा सकता है। सही-सही उच्चारण करना ही पढ़ना न हुआ, अपितु अर्थ-भाव समझना ही पढ़ना है। इसी तरह केवल याद किए गए शब्दों की आकृति उतारना; लिखना-सीखना नहीं माना जा सकता, अर्थ को दूसरों तक पहुँचाने के लिए बनाई गई सार्थक आकृतियों को भी लिखना

माना जाएगा। लिखना सिखाने के पूर्व बच्चों को ध्वनियों, चित्रों व आकृतियों की पहचान का पर्याप्त अभ्यास कराएँ। रेत या मिट्टी पर आकृतियाँ बनाना, अक्षरों पर उँगलियाँ चलाना, सुई में धागा पिरोना, कच्ची दाल, चावल को मिलाकर अलग-अलग करना जैसी क्रियाएँ हाथ की मांसपेशियों में जरूरी संतुलन पैदा करती हैं।

बच्चों के लिए अक्षर से शब्द की ओर जाते हुए पढ़ने-सीखने की प्रक्रिया अत्यंत जटिल भी है और अव्यावहारिक भी। बेहतर होगा कि उन्हें शब्दों से अक्षरों का ज्ञान कराया जाए, क्योंकि प्रारंभ में वे किसी भी चीज को पूरे रूप में देखते हैं। बच्चा संपूर्ण शब्दों से परिचित रहता है, जैसे—कलम, कमल आदि। आरंभ में परिचित चित्रों-शब्दों की मदद से अभ्यास कराएँ। बच्चे इन शब्दों के बार-बार प्रयोग से उसकी ध्वनि सीख पाएँगे, वर्ण की पहचान कर पाएँगे। रुचिकर और परिचित शब्दों के बीच जो अक्षर बार-बार उनकी समझ में आते हैं, उनसे अलग-अलग नए-नए शब्द बनाने का प्रयास भी करने लगेंगे।

भाषा सीखने की प्रक्रिया में अभ्यास का बहुत ज्यादा महत्त्व है, क्योंकि यह एक कौशल-प्रधान विषय है। यदि किसी बच्चे को सुनना और बोलना सीखना हो, तो बच्चे को मनोरंजक कहानियाँ, कुछ आश्चर्यजनक बातों, घटनाओं के सहारे सुनने-बोलने का अभ्यास कराना होगा, जिससे उसमें किसी बात को ध्यानपूर्वक सुनने और बोलने की ललक पैदा हो। रसदार कविताओं और गीतों के माध्यम से बच्चों को अपनी बात आकर्षक ढंग से सुनाने के लिए वातावरण पैदा करें, क्योंकि सुनने का यह अभ्यास उन्हें बोलने में मदद पहुँचाएगा। इसी तरह बोलना या लिखना या पढ़ना सिखाने में भी अभ्यास की बहुत आवश्यकता पड़ती है।

भाषा-शिक्षण में बातचीत का भी महत्त्व कम नहीं, लेकिन हम अपने विद्यालयों में बच्चे की आपसी बातचीत को अनावश्यक मानते हैं। चुपचाप शांत बैठी कक्षा को अनुशासित और उपयोगी कक्षा मानते हैं। वस्तुतः बच्चों की परस्पर बातचीत, वाद-विवाद, भाषा सीखने में अहम भूमिका अदा करते हैं। बच्चे जब आपस में बातचीत करते हैं तो बहुत सारे तथ्यों को जोड़कर अपने अनुभवों, जानकारियों का आदान-प्रदान करते हैं। हर बच्चे का यह भी प्रयास रहता है कि उसकी बात को सुननेवाला पूरी तरह समझ जाए। इसके लिए वक्ता और श्रोता के बीच कई बार क्यों, क्या, कैसे प्रश्नों का आदान-प्रदान होता है, जिससे बातचीत करनेवाले बच्चे अपने-आपको एक कुशल संप्रेषक के रूप में स्थापित करने के लिए अपने भाषायी कौशल को विकसित करते हैं। इससे बच्चों में भाषा की पूर्णता आती है।

कक्षा में भाषा और बाकी विषयों के बीच काफी महत्त्वपूर्ण संबंध है। चूँकि

भाषा विचारों, जानकारियों के आदान-प्रदान का माध्यम है, इसलिए अन्य विषयों के शिक्षण में भाषा के कौशलों का होना नितांत आवश्यक है। भाषा ही वह माध्यम है, जिससे अन्य विषयों के शिक्षण में निर्धारित शर्त, पूर्व अनुभव और विश्लेषण को प्रयोग में लाया जाता है। अतः किसी भी विषय की अच्छी जानकारी के लिए भाषायी कौशल जरूरी है।

भाषा कहाँ तक?

यह एक महत्त्वपूर्ण सवाल है। हमारी मान्यता है कि पाठ्य-पुस्तक भाषा-शिक्षण की एक सामग्री है। बच्चे एक निश्चित अवधि में भाषा के कम-से-कम एक निश्चित स्तर तक पहुँच जाएँ, इसी उद्देश्य से पाठ्य-पुस्तक का उपयोग किया जाता है, लेकिन यह कदापि नहीं समझना चाहिए कि भाषायी विकास किसी पाठ्य-पुस्तक की सीमा के अंदर सीमित है। वस्तुतः भाषा की सीमा का दायरा बहुत बड़ा है। इसे विस्तार देने की आवश्यकता है। पुस्तक के माध्यम से भाषा का ऐसा शिक्षण दिया जाए, जिससे बच्चे को एक निर्धारित पुस्तक के बाहर भी समझने और प्रयोग करने की क्षमता प्राप्त हो जाए।

इस क्रम में मूल्यांकन की सतत प्रक्रिया निरंतर चलती है। मूल्यांकन द्वारा ही हम यह जान पाते हैं कि बच्चों ने कितना सीखा है। इसी के आधार पर आगे सीखने-सिखाने के और तरीकों को निर्धारित करते हैं।

भाषा शिक्षण के विभिन्न पहलुओं, जैसे—सुनना, बोलना, पढ़ना, लिखना, समझना, तर्क करना, जिज्ञासा, अनुकरण, अभ्यास आदि को ध्यान में रखकर मूल्यांकन करने से सीखने-सिखाने की प्रक्रिया स्वाभाविकता लाती है। यह जरूर ध्यान में रखें कि भाषा एक कौशल-प्रधान विषय है, फिर आपके अनुसार भाषा-शिक्षण में किस प्रकार का मूल्यांकन होना चाहिए?

सुनना—बच्चा किसी प्रसंग, कविता कहानी को सुनकर समझ लेता है। उसके बारे में यदि अपनी राय देता है तो 'सुनना' के तहत मूल्यांकन होगा। भाव, भावार्थ, भावनाओं पर अपनी समझ प्रकट करता है, तो सुनने की शक्ति का विकास होना समझा जाएगा।

बोलना—बच्चे अपने निजी अनुभवों के बारे में बातचीत करने को उत्सुक रहते हैं। इस मामले में उन्हें प्रोत्साहन देने की आवश्यकता है। अवसर दिए जाने पर अगर अपने बारे में, स्कूल के दिनों के अनुभवों के बारे में, कहानियों के बारे में बातचीत करें तो बोलने के बारे में मूल्यांकन होगा। यह समझ बनेगी कि बच्चे

में बोलने की समझ का विकास हुआ है।

पढ़ना—अक्षर को देखकर उससे जुड़ी ध्वनि का उच्चारण कर देना ही पढ़ना है, यह एक गलतफहमी है। पढ़ने का मतलब केवल अक्षरों से जुड़ी ध्वनियाँ पैदा करना न होकर लिखी हुई चीज का अर्थ निकालना भी है। पढ़ने का व्यापक अर्थ लेते हैं तो कई विद्यार्थी जो शायद उच्चारण कर भी लेते हैं, सही मायने में पढ़ नहीं पाते हैं। अकसर हमारी शिकायत रहती है कि अमुक बच्चा पढ़कर समझ नहीं पा रहा। ऐसे में लगता है कि पढ़ना और समझना अलग बातें हैं, जबकि पढ़ने की व्यापक परिभाषा में समझना ही पढ़ने का उद्‌देश्य है। इसलिए बिना समझे पढ़ना वास्तव में निरुद्‌देश्य समझा जाएगा। मूल्यांकन का आधार भी यही हो।

लिखना—कभी-कभी बच्चा पढ़ लेता है, पर लिखने में असफल हो जाता है। जब बच्चा दूसरे की बोली सुनकर लिख लेता है, फिर उन बातों को पढ़कर सुना देता है, तब उसका लिखने के तहत मूल्यांकन करेंगे। भावों की अभिव्यक्ति लेखन के द्वारा करने का मौका देकर इसका मूल्यांकन करेंगे।

इसी तरह, बच्चे बार-बार दुहराकर, अनुभवकर, प्रयोगकर, कल्पना, चित्रादि के माध्यम से भाव ग्रहण कर लेते हैं या फिर उस माध्यम से कहे जानेवाले तथ्यों का पता कर लेते हैं, तो हम समझते हैं कि बच्चा सीख गया। भाषा के मूल्यांकन में इन बातों को आधार मानकर आगे बढ़ा जाता है। इसमें मूल्यांकन गहन रूप से होता है और भाषा का मूल्यांकन अन्य विषयों के मूल्यांकन से भिन्न होता है।

'बच्चे की भाषा और अध्यापक' नामक किताब में कृष्ण कुमार लिखते हैं—दुनिया का हर बच्चा चाहे उसकी मातृभाषा कोई भी हो, कुछ उद्‌देश्यों की प्राप्ति के लिए भाषा का इस्तेमाल करता है। एक बड़ा उद्‌देश्य है—दुनिया को समझना, और इस उद्‌देश्य की प्राप्ति के लिए भाषा एक बढ़िया औजार का काम करती है। जब तक हम बच्चे की निगाह से देखने और बच्चे की जिंदगी में भाषा की भूमिका को समझने में असमर्थ रहते हैं, तब तक हम अध्यापक के रूप में अपनी भूमिका ठीक से तय नहीं कर सकते हैं।

अध्यापक के रूप में हमारी जिम्मेवारी स्पष्ट है। हमें बातचीत में, पढ़ने में, लिखने में, गीत गाने में, नाटक में, चुटकुले और पहेलियों को सुनाने के क्रम में, कहानी और घटना को बोलने और लिखने के क्रम में ऐसा वातावरण पैदा करना है कि बच्चे भाषा को लगातार अपने जीवन के अनुभवों से, घटनाओं से, चीजों से जोड़ सकें।

भाषा की कक्षा

सहज वातावरण में बच्चे स्वाभाविक रूप से सीखते हैं। कक्षा का वातावरण सहज एवं उन्मुक्त हो, इसके लिए शिक्षक का बच्चों के साथ आत्मिक संबंध, उनकी भावनाओं, इच्छाओं को महत्त्व देना होगा।

भाषा की कक्षा को सशक्त व प्रभावकारी बनाने के लिए निम्न बातों को ध्यान में रखना उपयोगी होगा—

(1) कक्षा में सभी बच्चों की भागीदारी हो,

(2) प्रत्येक बच्चे को बोलने की छूट हो,

(3) मातृभाषा को आदर व जगह मिले,

(4) मौलिकता पर भी जोर हो।

ऐसी कक्षा में काम करनेवाले शिक्षकों के सुगमकर्ता, कुशल संप्रेषक होने से कक्षा जीवंत होगी। कक्षा में सहजता होगी।

भाषा-शिक्षण के सूत्र वाक्य

- भाषा हमारे मनोभावों, विचारों को व्यक्त करने का माध्यम है, जिसे हम कुछ संकेतों, ध्वनियों व शब्द-संयोजन द्वारा प्रकट करते हैं।
- भाषा संप्रेषण के अलावा चिंतन, अनुभव करने, सपना देखने में हमारे लिए सहयोगी साधन है। स्मृति, कल्पना, तर्क, प्रसन्नता, दुःख, क्रोध आदि स्थितियों में भी भाषा हमारी साथ होती है।
- सोचना, समझना, तर्क करना, अनुमान लगाना, विश्लेषण आदि भाषा-विकास के महत्त्वपूर्ण पहलू हैं।
- भाषा के संदर्भ, स्थान और परिवेश का विशेष महत्त्व है।
- बच्चे अपने परिवेश की भाषा, जिसे प्राय: बोली कहते हैं, के द्वारा अपने विचारों को सहजता से व्यक्त करते हैं।
- बच्चे पर शुद्ध व मानक भाषा के प्रयोग हेतु जोर देने से उसकी अभिव्यक्ति प्रभावित होती है और वह भाषा सीखने से कतराने लगता है।
- बच्चे बेहतर ढंग से भाषा सीख सकें, इसमें शिक्षक की अहम भूमिका होती है। शिक्षक बच्चे के लिए कक्षा में ऐसे अनुभव रच सकता है, जिनके द्वारा वह सहज व रोचक तरीके से घर की भाषा से विद्यालय की भाषा की ओर जाए।
- बच्चों की भाषा के विकास के लिए कारगर गतिविधियाँ हो सकती हैं—बच्चों

को उनके परिचित, रुचिकर संदर्भों से जोड़ना और उन पर बातचीत। चित्रों, कहानियों, कविता, नाटक, उनसे संबंधित घटनाएँ आदि सुनाना, वाद-विवाद, अंत्याक्षरी, सबकी कविता, सबकी कहानी, बालगीत, वर्ग पहेली आदि सुनाना।

- भाषा में कल्पना और चीजों को अपने नजरिए से देखने तथा व्यक्त करने का विशेष महत्त्व है। अतः बच्चे की कल्पनाशीलता और चीजों के बारे में अपने विचार प्रकट करने की क्षमता के विकास हेतु कक्षा में अभिव्यक्ति के पर्याप्त मौके देना आवश्यक है।
- बच्चों द्वारा प्रयोग की गई भाषा पर अध्यापक द्वारा की गई प्रतिक्रिया भाषा-विकास में अहम भूमिका निभाती है। शिक्षक द्वारा की गई गलत (नकारात्मक) प्रतिक्रिया जहाँ बच्चे की भाषा को अवरुद्ध कर देती है, वहीं सही (सकारात्मक) प्रतिक्रिया उसके विकास की नित नई संभावनाओं के द्वार खोल देती है।
- शिक्षक ऐसी परिस्थितियाँ रचें, जिनमें बच्चे पहले से सीखे हुए भाषायी कौशलों, जैसे—बोलना, सुनना का विकास कर सकें और नए कौशलों जैसे पढ़ना, लिखना सीख सकें।
- भाषा शिक्षण में यह दावा करना कि पढ़ना सीखने की कोई एक सर्वमान्य पद्धति है, सरासर गलत है। बच्चे अपनी पसंदीदा जगहों से भाषा के छोटे-छोटे टुकड़े उठाते हैं और टुकड़ों को मिलाकर उनकी भाषा की समझ बनती है।
- बच्चों के लिए अक्षर से शब्द की ओर जाते हुए पढ़ना सीखने की प्रक्रिया अत्यंत जटिल भी है और अव्यावहारिक भी। बेहतर होगा कि उन्हें शब्दों से अक्षरों का ज्ञान कराया जाए, क्योंकि बच्चा प्रारंभ में किसी भी चीज को पूरे रूप में देखता है। शुरू में वे शब्दों के बार-बार प्रयोग से उनकी ध्वनि सीख जाएँगे, वर्णों की पहचान कर पाएँगे, रुचिकर और परिचित शब्दों के बीच जो अक्षर बार-बार उनकी पकड़ में आएँगे, वे उन्हें पहचानने और अलग-अलग अक्षरों से नए शब्द बनाने लगेंगे।
- लेखन में भी प्रारंभ में बच्चे के सुलेख पर बहुत ज्यादा जोर देने की आवश्यकता नहीं है। इसी प्रकार व्याकरण को भी परिभाषाओं द्वारा थोपना ठीक नहीं है।

□

एक स्कूल का बयान

—ज्ञानदेव मणि त्रिपाठी

अब तक मुझ पर खूब लिखा, छापा और पढ़ा गया। महान् शिक्षाशास्त्रियों से गुमनाम शिक्षासेवियों तक, सबने अपने-अपने ढंग से मेरी व्याख्या की और अपनी तरह से सबने मुझे परिभाषित करने की कोशिश की। इतिहास की कुहेलिका में भटकूँ, तो मुझे अपना अतीत हड़प्पाकालीन उन संस्थानों में दिखाई देता है, जहाँ ताँबे और टिन के मिश्रण से काँसा बनाया जा रहा है या ढकी हुई नालियों का स्वस्थ मानव-जीवन के साथ संबंध स्थापित किया जा रहा है, लेकिन अब मैं इन सबसे मुक्त अपने आपको अपनी तरह से देखना चाहता हूँ। इसलिए 21वीं सदी में पहली बार मौन तोड़कर मुखर हो रहा हूँ।

अब मैं एक सरकारी प्राथमिक स्कूल हूँ। मेरा वर्तमान उस अतीत से जुड़ा हुआ है, जिसमें हड़प्पाकालीन समाज, घाटिका, चारण, मठ-विहार, मकतब-मदरसा और ईस्ट इंडिया कंपनी पोषित स्कूलों के नाम दर्ज हैं। अब मैं यह नहीं बता सकता कि इनमें से किन-किन का संस्कार आज भी मुझमें जिंदा है। मेरे हिस्से का सच आज बस इतना है कि मैं एक सरकारी प्राथमिक स्कूल हूँ, जो बिहार प्रांत के पूर्वी चंपारण जिला के अरेराज प्रखंड के एक गाँव नगदहा में पिछले एक सौ वर्षों से रह रहा है। पैदाइश, यानी स्थापना 1885 ई. में हुई थी। इसी वर्ष तो ह्यूम ने कांग्रेस की स्थापना की थी, अरे यह कौन क्षेपक आ गया! अच्छा, आप हैं माट साहब। मैं समझ गया था कि आप होंगे, वरना मुझे क्या मतलब इन तथ्यों-आँकड़ों में उलझने से अथवा दुनिया की महान् घटनाओं के आलोक में अपना अवलोकन करने से। यह तो आप जैसे पढ़े लोगों की आदत रही है कि आपने कभी भी स्थानीय महत्त्वपूर्ण घटनाओं को रेखांकित नहीं किया और करने की कोशिश भी की तो महत्त्वपूर्ण

राष्ट्रीय-अंतरराष्ट्रीय घटनाओं के संदर्भ में ही। जैसे स्थानीय इतिहास का स्वतंत्र अस्तित्व हो ही नहीं सकता। अरे, स्थानीय गतिविधियों को भी तरजीह देना सीखिए माट साहब। कांग्रेस की स्थापना तो आप रट मारे होंगे प्रतियोगी परीक्षा पास करने के लिए, लेकिन तीन साल से आप यहाँ हैं, फिर भी नहीं जानते कि मैं, यानी नगदहा प्राथमिक शाला, जिसका होना आपके सुरक्षित भविष्य के लिए आवश्यक है, की स्थापना कब और कैसे हुई थी।

खैर छोड़िए, इन बातों को। देखिए दो ग्रामीण आपकी सेवा में उपस्थित हुए हैं। उपलब्ध मतदाता सूची में इनका नाम, पिता का नाम तो जायज है; लेकिन मजा यह कि एक तो दोनों का लिंग परिवर्तित हो गया है—हैं पुरुष, सूची इन्हें स्त्री ठहराती हैं, लगते 45-50 वर्ष के हैं, पर दर्ज 26 वर्ष है। जाइए, संशोधन कीजिए। इस पूरे माह तो मतदाता सूची का संशोधन कार्य ही चलना है, स्कूल में पढ़ाई तो होगी नहीं। क्या कहूँ, जब बच्चे स्कूल में पढ़ाई करने नहीं आते तो मेरा भी मन नहीं लगता है। जानता हूँ, ये अबोध बच्चे माता-पिता के निर्धारित कार्य में खलल डाल रहे होंगे। कर तो कुछ नहीं सकता, सरकारी आदेश जो है। वैसे भी लोकतंत्र में मतदाता सूची को तो शुद्ध होना ही चाहिए।

सोचा था, इन दिनों का सदुपयोग करूँगा और अपना बयान लिपिबद्ध कर लूँगा, लेकिन हर बार किसी आयोग या समिति में निरीक्षण और अनुशंसा के बहाने जैसे मेरी बात दर्ज नहीं होती रही है, वैसे ही इस बार हमारे गुरुजी ने व्यवधान डाल दिया, लेकिन अब मैंने तय किया है कि सभी व्यवधानों को झेलते हुए भी मैं अपना बयान जरूर दूँगा।

मैं कह रहा था कि 120 वर्ष पूर्व इस गाँव के उत्तरी किनारे पर मान और स्थान दिया। उस समय के इस गाँव की जो तसवीर स्मृति में है, उसमें आधुनिक शिक्षा में दीक्षित प्राइमरी की योग्यता रखनेवाला भी कोई नहीं था। हाँ, स्थानीय मठ के कारण पारंपरिक संस्कृत शिक्षा प्राप्त कुछ लोग जरूर थे और कुछेक मकतब के पढ़े हुए, लेकिन दोनों ही संस्थाओं से पढ़े लोग उर्दू लिखने-पढ़ने में सक्षम थे और स्थानीय कार्यों के संपादन में कैथी लिपि का प्रयोग करते थे। जो थे, वे गाँव से कर वसूली करनेवाले जमींदार थे, लेकिन शोषण में इनकी भी रुचि थी। स्थानीय लोगों का मुख्य धंधा खेती था और जीविका का संभवत: एकमात्र साधन भी। पढ़े-लिखे लोगों का सम्मान था, परंतु सबको पढ़ना चाहिए, ऐसी भावना या लहर नहीं थी। सभी जाति के लोग इस गाँव में रहते थे। हिंदू-मुसलिम सबके आपसी व्यवहार की भाषा भोजपुरी थी। वातावरण धार्मिक तनाव से मुक्त था। अधिकतर

लोग खाली पाँव रहते थे। तब कोई पूरा पक्का मकान नहीं था। एक-दो जो ईंट की दीवारोंवाले घर थे, उनकी छत भी खपरैल की थी। गाँव में वैसे लोग अधिक थे, जिन्हें ब्रितानी रुपयों के दर्शन का सौभाग्य नहीं मिला था। फिर भी, आम आदमी की जरूरत की सभी चीजें गाँव में उपलब्ध थीं। मलाही का बाजार प्रसिद्ध था। आवागमन का साधन बैलगाड़ी ही थी। हल्ला सुना कि किसी ने साइकिल खरीदी है। हाँ, कुछ लोग गंडक नदी में नाव चलाते थे और वे नाव से दूर-दूर जाते थे। पालवाली बड़ी-बड़ी कई नावें नदी में आती-जाती दिखती थीं। गोरी फौज का बड़ा खौफ था। बगल में सिरनी कोठी में गोरा निलहा साहब रहता था। नील की खेती भी होती थी। कोठी के सामने से जाने में लोग डरते थे। जाते तो पगड़ी, टोपी उतारकर, बिना छाता लगाए। कमोबेश, इसी माहौल में मेरी स्थापना इस गाँव में फूँस के खुले घर में हुई।

वैसे मेरी स्थापना के पीछे हंटर आयोग (1882-83) की इस अनुशंसा ने भी काम किया कि 'प्राथमिक शिक्षा का भार स्थानीय निकायों को सौंपा जाए।' परंपरा तो यहाँ थी ही स्थानीय जन सहयोग से शैक्षिक संस्थाओं के संचालन की, जिसके दर्शन एडम्स (1824-33) ने भी किए थे। तब बड़ा उत्साह था मेरी स्थापना का। किसी का खर, किसी का बाँस, किसी का हाथ, किसी का दिशा-निर्देश और इस तरह बनी मेरी मड़ई, जिसमें आनेवाले दिनों में बच्चों को शिक्षा देकर उनका जीवन सँवारने की कोशिश गुरुजी को करनी थी। पहले शिक्षक, छपरा के आए थे। घर-बार छोड़कर अपनों से दूर, सिर्फ इसलिए कि विद्या-दान देना सर्वोत्तम कर्म है। गुरुजी की देख-रेख में स्कूल शुरू हुआ। पहले कई तरह की भ्रांतियाँ फैलाई गईं, जिनका जिक्र करना आज अनावश्यक विवाद को जन्म देगा। अतः उसे पी जाना ही उचित होगा। फिर भी, नए या पहले गुरुजी की कोशिश से गाँव के बच्चे यहाँ पढ़ने आने लगे। 19वीं सदी के अंत तक मेरे हिस्से वैसे ही बच्चे आए, जिनके घर में उनके लिए कोई काम नहीं होता था। अतः प्राथमिक शिक्षा पूरी करनेवाले भी बहुत थोड़े से छात्र थे। लड़कियाँ पढ़ने नहीं आती थीं।

सदी बदली तो बहुत कुछ बदला। लार्ड बदले तो डी.पी.आई. भी बदले और स्कूल इंस्पेक्टर भी। मैं भी बदला। मेरा स्थान भी बदला। अब मैं उनके बीच में आ गया, जिन्हें गांधीजी ने 'हरिजन' नाम दिया। स्कूल भवन गाँव के पूर्वी छोर पर बना, जहाँ यादव, मल्लाह और हरिजन जाति के लोगों के आवास थे। यहाँ छुआछूत नहीं थी, यह मैं नहीं कह रहा। वह तो था, परंतु स्कूल भवन निर्माण के समय यह अड़चन नहीं आई थी कि मुझे सवर्णों के बीच से उठाकर यहाँ क्यों लाया

गया, जबकि तब पढ़नेवाले भी अधिक सवर्ण ही थे, लेकिन इस सदी के पहले 40 वर्षों में मेरे यहाँ किसी सवर्ण शिक्षक ने योगदान नहीं दिया। शिक्षक आस-पास के गाँव के थे, अत: सुबह समय से आते और शाम को घर जाते। एक शिक्षक इसी गाँव में रहते थे, बाहर के थे, अत: उनके रहने खाने की व्यवस्था गाँव के लोग ही नि:शुल्क करते थे।

वैसे तो ऐसी कई घटनाएँ हैं, जिनका संक्षिप्त विवरण भी मैं दूँ तो कुछ सैकड़े पृष्ठ समेटने होंगे। अत: यह विस्तृत विवरण मैं आपको अपनी आत्मकथा (एक स्कूल की आत्मकथा) में सुनाऊँगा। यह तो मेरा बयान है, तात्कालिक है, अत: सिर्फ महत्त्वपूर्ण प्रसंगों को ही रेखांकित कर रहा हूँ। सुविधा के लिए मैं इसे तीन खंडों में बाँट लेता हूँ। (1) मेरी स्थापना का समय (19वीं सदी का अंतिम शक), (2) आजादी-पूर्व और (3) आजादी के बाद। अपनी स्थापना की कथा मैं कह चुका हूँ यानी सदी बदलकर हम 20वीं सदी में खड़े हैं। अब मेरे पास दो कमरे हैं—दीवारें ईंट की और छत खपरैल। बच्चों के लिए छोटा सा खेल का मैदान भी है, परंतु पीने के पानी की व्यवस्था नहीं है। प्यास लगने पर बच्चे अचलदेव-कमलदेव राउत के घर की स्त्रियों की शरण में जाते हैं, वे भी कभी इन्हें 'न' नहीं कहतीं, "सभे लइका, एक खानी होला, पानी पिआवल त धरम के काम है", यह भावना तब गाँव के घर-आँगन में विराजती थी। गाँव के मेड़, खेत या नदी का किनारा ही शौच के स्थान थे। तब इस गाँव में आधुनिक 'सिपटिक' का प्रवेश नहीं हुआ था, अत: मेरे परिसर में बच्चों के शौचादि हेतु कोई निश्चित स्थान नहीं था। फिर भी पठन-पाठन में ये समस्याएँ खलल नहीं डालती थीं, क्योंकि समर्पित शिक्षकों की टोली पूरे मनोयोग से बच्चों को पढ़ाने का कार्य करती थी।

अब कुछ बच्चे मेरे यहाँ मिडिल स्कूल में जाने लायक होने लगे। कुछ तो हाईस्कूल, मोतिहारी भी पहुँच गए। देश में एक नई लहर चल रही थी। स्वराज की माँग उठने लगी थी। तब गाँव में अखबार नहीं पहुँचता था। रेडियो शायद एक आदमी के पास था, जिसे समारोहपूर्वक वे कभी-कभी बजाते थे। अत: त्वरित गति से सूचनाएँ नहीं मिल पाती थीं। शिक्षकों का जिला मुख्यालय आना-जाना भी कम ही होता था। अत: कलकत्ता-दिल्ली की जो सूचना मौखिक रूप से यहाँ पहुँचती, उसमें बहुत मिलावट रहती थी। गाँव के अधिक लोगों को इससे कुछ लेना-देना नहीं था, परंतु कुछ लोग इस गाँव में ऐसे थे, जो अब जिला क्या, राज्य की सीमा लाँघने लगे थे। राज्य की सीमा लाँघनेवाले लोगों की गतिविधियाँ अभी रूप ले रही थीं। हमारे शिक्षक तो ब्रिटिश सरकार के मुलाजिम थे, अत: ऐसे लोगों से बचते थे।

तभी एक दिन हल्ला हुआ कि एगो महात्मा आए हैं और निलहा साहब लोग उनको जेहल में भेज रहा है, काहे कि उ कहते हैं कि हिंसा करके निलहा लोग, किसानों को सता रहे हैं। बड़ा बावेला मचा। पूरा जिला जैसे मोतिहारी कोर्ट में जमा हो गया था, मोहनदास करमचंद गांधी का बयान सुनने के लिए। इस गाँव के भी दो-चार, मेरे पूर्व छात्र इस भीड़ में शामिल थे। इनको वहाँ देखकर मुझे बड़ा अच्छा लगा। आखिर स्कूल की तो यह जिम्मेदारी है कि वह अपने छात्रों को उनके अपने परिवेश और समय को समझकर उचित निर्णय लेने की दृष्टि व कौशल प्रदान करे, अतः मुझे अपने पर कुछ गर्व भी हुआ। इन पूर्व छात्रों का निर्णय मुझे उचित लगा। अद्‌भुत बयान था गांधी महात्मा का कि मैं अपनी अंतरात्मा की आवाज पर आपकी (प्रशासन की) आज्ञा की सविनय अवज्ञा करता हूँ। ये लोग बता रहे थे कि इनको सतवरिया (साठी) वाले राजकुमार सुकुल बुला लाए हैं। अब सूचना का एक नया केंद्र भी खुला। जो लोग बेतिया-मोतिहारी जाते, कुछ-न-कुछ समाचार ले ही आते।

मेरी गतिविधियाँ अभी भी पूर्ववत् चल रही थीं। तब बाल वर्ग (बच्चा क्लास) की पढ़ाई थी। कक्षा ए.बी.सी. थी। तीसरी कक्षा इसी रूप में थी। 'मनोहर पोथी' का आविर्भाव हो गया था। छपी हुई पहली किताब 'मनोहर पोथी' ही बच्चों के हाथ लगती थी। सबकुछ था इसमें—अक्षर ज्ञान, पहाड़ा, गिनती, सवैया, डेढ़ा। आगे की कक्षा में बच्चे भाषा (हिंदी) और गणित की पढ़ाई करते थे। गाँव और जिला पहले, फिर बाद में प्रांत और ब्रितानी हुकूमत की सूचनाएँ पढ़नी होती थीं। तप्पा और परगना की अवधारणा थी। मेरा तप्पा-सखवाँ और परगना-मझौआ था। सुबह की सभा, हे प्रभु! आनंददाता ज्ञान हमको दीजिए, लीजिए हमको शरण में, हम सदाचारी बनें के साथ शुरू होती थी। हलका-फुल्का व्यायाम भी होता था, फिर बच्चे अपनी-अपनी कक्षा में जाते थे। बाल वर्ग और 'ए' एक साथ, बी, सी एक साथ, चौथा-पाँचवाँ एक साथ। शिक्षक तीन ही थे। इन पचास वर्षों में बहुत थोड़े दिनों के लिए ही पाँच शिक्षक थे। एक तो हेडमास्टर साहब ही थे। अतः संयुक्त कक्षाएँ चलती थीं। पहली घंटी में मौखिक कार्य होता था। छोटे बच्चे स्लेट-पेंसिल-भट्ठा से लिखते थे और चौथी-पाँचवींवाले कागज-कगजही (पेंसिल) प्रयोग करते। दूसरी कक्षा के ऊपर पढ़नेवाले सभी छात्रों को रोज सुलेख लिखना जरूरी था। स्याही की टिकिया पानी में घोलकर एक दवात में रख, कंडे को काटकर उसके अगले भाग को फाउंटेन पेन की निब की तरह बनाकर उसका उपयोग बच्चे सुलेख लिखने में करते थे। बच्चे स्याही के घोल और कंडे की कलम स्वयं बनाते थे। यह स्याही जल्दी नहीं सूखती थी, बच्चे इसे अच्छी तरह जानते थे। अतः मिट्टी

डालकर इसे सुखाने की कला भी उन्हें ज्ञात थी। यही उनका ब्लाटिंग पेपर था।

चूँकि लेखन-पाठन का अधिकतर काम स्लेट पर होता, अत: माटसाहब हरेक बच्चे की स्लेट देखते और गलतियों को सुधारते थे। तब इतनी भीड़ नहीं थी कि माटसाहब का सारा समय बच्चों को नियंत्रित करने में ही बीत जाता। संयुक्त कक्षा में 25 से अधिक बच्चे नहीं होते। टिफिन में बच्चे अपने-अपने घर भोजन करने जाते। कुछ बच्चे जो टिफिन के बाद नहीं आते थे, उनकी खोज-खबर शिक्षक रखते थे। शिक्षाशास्त्र तब शायद इतना मानवीय नहीं था। अत: शिक्षकों के पास छड़ी जरूर रहती थी और वे उसका उपयोग भी करते थे। आमतौर पर यह छड़ी दु:ख-हरण के नाम से बच्चों के बीच जबरदस्त पहचान रखती थी। इसका भय भी बच्चों में था, लेकिन शिक्षक छड़ी का दुरुपयोग नहीं करते। जो करते थे, वे मरखटवा मास्टर की उपाधि से नवाजे जाते।

शिक्षकों की बात चली तो मुझे अपने कई पुराने शिक्षक याद आने लगे—रामयाद राम, रामाशीष राय, जमीर हसन, रामाशीष दुबे, सिंहासन प्रसाद, बिंदा प्रसाद, सत्यनारायण गिरि, पधया माटसाहब, निरालाजी इत्यादि। जिस शिक्षक की याद मुझे सर्वाधिक आती है, उन्हें दूर से पहचाना जा सकता है—नाटा कद, रंग साँवला, घुटनों के थोड़ा नीचे झूलता पायजामा, सिर पर छोटी गोल सफेद टोपी, भाषा, बच्चोंवाली (जान-बूझकर), आगे-आगे जमीर हसन और पीछे छोटे बच्चों की बड़ी टोली। स्कूल से चार किलोमीटर दूर से रोज पैदल आना और झुंड में बच्चों को सहेजते हुए स्कूल लाना। बच्चों के माता-पिता, गाँव के बड़े-बुजुर्गों से मिलना, राम-सलाम के बाद स्कूल में होनेवाले कामों की सूचना देना, लेकिन बच्चों की शिकायत कभी नहीं करना। कोई शिकायत करता तो डपट पड़ते, कोई बच्चा खराब नहीं होता। खराब तो हम-आप हैं और अपने हो जैसा हम उन्हें भी बनाना चाहते हैं। कभी लबर-सटर मत बोलिएगा हमारे बच्चों के बारे में। बच्चों के भारी पक्षधर थे जमीर हसन, जिन्हें सभी बच्चों की अच्छाइयों का पता था, इसीलिए उन्हें सभी बच्चे दुलारे थे।

जमीर हसन, यानी छोटका मौलवी साहब। बच्चा-बच्चा उनका मुरीद था। यदि आज छोटका मौलवी साहब के छात्रों के संस्मरणों को संकलित किया जाए तो मैं दावे के साथ कह सकता हूँ कि दुनिया की सबसे मोटी और अपने ढंग की अकेली किताब होगी। कोई भी उनका छात्र या छात्रा ऐसी नहीं, जिसे छोटका मौलवी साहब के बाल वर्ग की याद न हो और यह याद अकारण नहीं है। अद्‌भुत अंतर्दृष्टि वाले शिक्षक थे जमीर हसन। पढ़ाते भी बाल एवं पहले वर्ग को थे। हँसाते-खेलाते

वे सबकुछ छात्रों तक पहुँचा देते। किताब की तो जरूरत ही नहीं थी उनको। पूरा पाठ्यक्रम और पाठ-संरचना उनके दिमाग में सुरक्षित रहती। तब गाँव के बच्चे गुल्ली-डंडा और कबड्डी खूब मन लगाकर खेलते। छोटका मौलवी साहब ने बच्चों के मन को भलीभाँति परखा और पढ़ा था, अतः गुल्ली-डंडा खेलते हुए बच्चे, जोड़-घटाव, गुणा की सब प्रारंभिक जानकारी पा जाते थे। खेल शुरू होता गुल्ली और डंडे की माप से। गुल्ली, डंडे की एक चौथाई होनी चाहिए। एक बच्चे ने घुरजी (जमीन में किया हुआ छोटा गड्ढा) में गुल्ली रखी और डंडे से प्रहार कर उसे दूर फेंक दिया, गुल्ली जहाँ गिरी, उसकी डंडे से माप शुरू हुई। एक-दो… दस…बीस और अधिक भी। बच्चा गिनती सीख रहा है। दो दल हैं खेलने वाले बच्चों के। खेल-खेल में एक दल ने 136 बना लिया, दूसरे ने सिर्फ 83, माटसाहब कहते हैं कि अपना-अपना हिसाब सब लोग याद रखेंगे। कितना ज्यादा या कम है, बच्चे घटाव की प्रक्रिया से गुजर रहे हैं। सबको याद रखना है, क्योंकि जब कल या परसों फिर खेल होगा तो दोनों दलों के सभी को अपना-अपना हिसाब देना होगा। जो नहीं देगा, वह नहीं खेलेगा। भला कौन ऐसा बच्चा होगा, जो इस समूह में खेलना नहीं चाहेगा? सबको याद रहता है अपना-अपना हिसाब। कोई-कोई तो खेलते हुए हवा में भी गुल्ली को डंडे से तीन-चार बार छूकर फिर उसे दूर तक (डंडे से मारकर) फेंकता। अब उसके माप का उतना गुणा मिलेगा, जितनी बार हवा में गुल्ली को डंडे से छुआ था। जैसे—उसकी गुल्ली, घुरजी से 22 डंडा दूर जाकर गिरी और हवा में उसने गुल्ली को तीन बार (तीन पैरी) छुआ था तो उसे 23×3=69 अंक मिल जाएँगे। बच्चे गुणा का प्रयोग कर ही रहे थे।

वैसे ही थी, जमीर हसन की कबड्डी भी। पूरा प्रांत 'कबड्डी-कबड्डी' कहकर केवल अपनी लंबी साँस का परिचय देकर कबड्डी खेल रहा था, जमीर हसन के दुलारे बच्चे भी खेल तो कबड्डी ही रहे थे, लेकिन साँस थामकर एक साँस में कहते—सइआ, निन्यानबे, अंठानवे, संतानबे, साठ, उनसठ, छत्तीस, पैंतीस, और कई तो 100 से उलटी गिनती करते 1 तक एक ही साँस में पहुँचते, लेकिन थोड़े बच्चे ही ऐसे होते। अमूमन, बच्चों ने कबड्डी खेलते हुए उलटी गिनती सीख ली। स्कूल समाप्ति के समय जब सभी बच्चे उलटी गिनती करते तो पूरा माहौल गूँज उठता। कबड्डी में और भी कई नए प्रयोग करते थे छोटका मौलवी साहब, जिसका वर्णन आज तक किसी खेल या शिक्षाशास्त्र की किताब में दर्ज नहीं, जैसे—दो दलों के बीच में कबड्डी हो रही है। एक दल का बच्चा सीमा पारकर दूसरे दल के बीच सइया, निन्यानबे, कहता, उस दल के किसी बच्चे को छूने की

कोशिश करता है, लेकिन 40 तक आते-आते उसकी साँस फूलने लगती है और वह सीमा (बीच की लाइन) की ओर भागता है। यदि इसी बीच उसके दल का कोई दूसरा साथी 39, 38, 37 कहता दूसरे दल में घुस जाता है तो खेल इसी पक्ष से जारी रहेगा। शर्त यह कि पहले साथी की साँस टूटने से पहले दूसरा साथी उसी संख्या से उल्टी गिनती शुरू कर दे और भी न जाने कितनी तरह के प्रयोग करते थे, जमीर **हसन**। मैं तो देख-देखकर अभिभूत हो जाता, कभी-कभी तो खुद भी उलटी गिनती प्रतिध्वनित करने लगता।

छोटका मौलवी साहब का कक्षा में अध्यापन भी वैसा ही होता। सबकुछ लय में, सस्वर। देखिए, जैसे ही वे कक्षा में आते हैं, कुछ बच्चे समवेत स्वर में गाते हैं—टिफिनवाली बतिया भोर पड़ी जाला (टिफिनवाली बात भूल रहे हैं)। कल कुछ बच्चे टिफिन के बाद स्कूल नहीं आए थे। छोटका मौलवी साहब ने उपस्थित बच्चों को कहा था कि जो नहीं आए हैं, उनकी याद हमें कल दिला देना। बच्चे इसी उत्साह में सूचना दे रहे हैं। तुरंत आदेश होता है और कल टिफिन के बाद नहीं आनेवाला एक बच्चा हाजिर होता है, छोटका मौलवी साहब अपनी दो उँगलियों से चिमटा जैसा बनाकर उसका पेट पकड़ते हैं और लय में कहते हैं—कह त बबुआ अब कनवे उखाड़ लीं (कहो तो बच्चा अब कान उखाड़ लूँ)। पूरी कक्षा हँसते-हँसते लोट-पोट हो जाती है। पकड़ा तो उन्होंने बच्चे का पेट है और कहते हैं कि कान उखाड़ लूँगा। छोटका मौलवी साहब के समझाने का ढंग भी अनोखा था—किस्से-कहानी के तो जैसे वे भंडार थे, तभी तो लट्टू रहते थे बच्चे उन पर। क्या कहूँ, कितना बयान करूँ, पूरे 36 साल रहे थे वे मेरे साथ। हर दिन एक अनोखा दिन होता था उनके साथ। समझ रहा हूँ आप डिग्रीधारी लोग कुनमुना रहे होंगे, शैक्षिक योग्यता क्या थी जमीर हसन की? हाँ, वे सिर्फ मिडिल पास थे और देश-विदेश की कोई प्रशिक्षण संबंधी डिग्री उनके पास नहीं थी। चाहें तो आप नए ढंग से शोध कर सकते हैं कि इतने कम पढ़े-लिखे, अप्रशिक्षित व्यक्ति के पास ऐसी अद्भुत अवलोकन क्षमता और अंतर्दृष्टि कहाँ से आई थी?

परंतु वह रात मेरे जीवन की सबसे भारी रात थी, जिस दिन मैंने सुना कि भूमि-विवाद में मेरे सबसे प्रिय शिक्षक जमीर हसन की हत्या हो गई। जीवन भर खिलखिलानेवाले को यह पुरस्कार। मैं बरदाश्त नहीं कर सका। खूब रोया। उनके छात्र, देर-सवेर, जो जहाँ भी इस खबर से अवगत हुए, बहुत दुःखी हुए, पर दूसरे दिन ही लगा जैसे वे हौले से गुनगुना रहे हैं, नाक में उँगली, कान में लकड़ी, मत कर, मत कर, मत कर। उनकी जन्मतिथि और पुण्यतिथि दोनों कंठस्थ हैं मुझे, पर

अभी चलन ही नहीं है कि कोई सरकारी प्राथमिक स्कूल अथवा उनके छात्र अपने प्रिय शिक्षक की जयंती या पुण्यतिथि मनाएँ, लेकिन मैं चाहता हूँ कि ऐसा हो, शायद शुरुआत मुझे ही करनी पड़े। स्कूल में उनकी कोई तसवीर नहीं, उनके घर-वालों के पास भी नहीं, परंतु मेरे दिल में उनकी स्पष्ट तसवीर सुरक्षित है। समर्थ होऊँगा तो स्कूल भवन में एक कमरा उनके नाम से जरूर बनवाऊँगा। फिलहाल तो तरस रहा हूँ कि उन जैसा कोई दूसरा मेरे हिस्से में एक बार फिर आए और मेरी डगमगाती नैया को सँभालकर उचित दिशा दे।

□

गणित कैसे पढ़ाएँ

—विनोदानंद झा

प्राथमिक शिक्षा में गणित एक अनिवार्य विषय है। इसकी पढ़ाई वर्ग एक से ही प्रारंभ हो जाती है, जो आगे चलकर वर्ग 10 तक चलती रहती है। गणित के प्रति कई प्रकार की मान्यताएँ बच्चों एवं शिक्षकों में देखी गई हैं। यहाँ तक कि विद्यालयों में ठहराव नहीं होने के महत्त्वपूर्ण कारणों में गणित शिक्षण को भी एक कारण माना जाता है। हमने इस विषय पर कुछ प्रयास किए हैं। 7 जिलों **के शिक्षकों** एवं बच्चों से औपचारिक एवं अनौपचारिक रूप से चर्चा की। चर्चा के

क्रम में गणित के संबंध में निम्नांकित महत्त्वपूर्ण तथ्य सामने आए—

1. गणित एक नीरस, उबाऊ विषय है, जिसकी अधिकांश बातें अमूर्त होती हैं। इससे बच्चों में एवं कतिपय शिक्षकों में भी भय बना रहता है।
2. गणित को समझने के लिए खास तरह के दिमाग की जरूरत होती है, जो सभी बच्चों में नहीं होता है, अर्थात् कुछ ही बच्चे खास दिमाग रखने के कारण गणित के प्रति रुचि रखते हैं।
3. गणित के शिक्षकों की छवि भी बच्चों के मन में अलग सी पाई गई। वे गंभीर किस्म के भय बढ़ानेवाले, कम अंक देनेवाले और कभी नहीं मुसकरानेवाले होते हैं।

उपर्युक्त प्रश्नों की गहराई में जाने से प्राथमिक स्तर पर गणित के अध्ययन के लिए निम्नांकित बिंदुओं पर ध्यान देना आवश्यक प्रतीत होता है।

अमूर्त को मूर्त के साथ जोड़ना : गणित अमूर्त विषय है। उसकी यह विशिष्टता भी है, परंतु प्राथमिक स्तर पर बच्चों को गणित की अमूर्तता को विभिन्न घटनाओं, उदाहरणों के द्वारा समझाने की जरूरत होती है, जैसे—5 कहने से मस्तिष्क में कोई बिंब नहीं उभरता है, किंतु जब 5 को वस्तु से जोड़ा जाए जैसे 5 केला, 5 बकरी तो संख्या स्पष्ट हो जाती है। खेल, पहेली, ठोस उदाहरण से जोड़कर गणित का अध्यापन किया जाना चाहिए।

ऐसे उदाहरण बच्चों के अनुभवों से भी लिये जा सकते हैं। एक घटना को विभिन्न उदाहरणों से पुष्ट किया जाना चाहिए, जैसे 5 नारंगी + 7 नारंगी = 12 नारंगी। 7 किताबें + 9 किताबें = 16 किताबें, 4 झोले + 6 झोले = 10 झोले। इस पर लगातार अभ्यास की जरूरत होगी। बारंबार अभ्यास करने से प्रक्रियाएँ बच्चों के मन में स्थायी स्वरूप ग्रहण कर लेती हैं और वह उसकी अपनी चीज हो जाती है।

बच्चों के पूर्वज्ञान एवं अनुभव को आधार बनाना : बच्चा स्कूल में प्रवेश करने के पहले ढेर सारी बातें जानता रहता है। कम-अधिक, छोटा-बड़ा, चीजों को जमा करना, मापना, गिनती करना, डिब्बे में भरना आदि अनेक कार्यों का उसे अनुभव और ज्ञान होता है। यदि शिक्षक बच्चों के अनुभव और ज्ञान को टटोलते हुए उसको आधार बनाकर आगे बढ़ें तो गणितीय समझ बनाना आसान हो जाएगा। हाँ, यह हो सकता है कि घर में गिनती के, माप-तौल के तरीके और हाट-बाजार के हिसाब पारंपरिक इकाइयों पर आधारित हों, यथा-कनवा, पौवा, सेर, पसेरी, मन, बित्ता, हाथ, गज आदि का प्रयोग होता हो, परंतु इन अनुभवों को किताबी ज्ञान से जोड़कर आगे ले चलना ज्यादा सहज और सुग्राह्य होता है।

गणित में अवधारणा का महत्त्व : आमतौर पर गणित की कक्षाओं में हम गणित के नियम, सूत्र रटा देते हैं, पर वे सूत्र-नियम कैसे बने, क्यों बने, इस पर प्रकाश नहीं डालते। फलत: बच्चा पूरी अवधारणा से अपरिचित रह जाता है। गणित पढ़ाने में अवधारणाओं की स्थापना सबसे महत्त्वपूर्ण चरण है। प्रारंभिक स्तर से ही अवधारणाओं को विभिन्न उदाहरणों में स्थापित करने की जरूरत होती है। इसके लिए कक्षा में मूर्त उदाहरण की रचना करनी पड़ती है और विभिन्न गतिविधियों का सहारा लेना पड़ता है। यदि अवधारणाएँ स्थापित किए बिना हम अभ्यास को बनाने के तरीके और उदाहरण बताते हैं तो बच्चा समान सवालों को तो हल कर लेता है, लेकिन थोड़ी सी जटिलता आने पर भयग्रस्त हो जाता है। दूसरी बात है कि गणित की अवधारणा का विकास क्रमिक होना चाहिए। एक के बाद दूसरी, दूसरी के बाद तीसरी। बच्चों में प्रारंभिक अवधारणा को स्थापित किए बिना बहुत बाद की चीजों को रखने से समझ में अवरोध पैदा होता है, बल्कि ठीक से बात को समझाने के लिए क्रमिक बात को भी सर्पिल गति से ले जाना चाहिए, अर्थात् पहली के बाद दूसरी, तीसरी, फिर दूसरी से तीसरी, चौथी। इस प्रकार बढ़ने से सीखने की क्रिया ज्यादा आसान हो जाती है। सर्पिल गति में तय किए गए मार्ग में पुनरावृत्ति की क्रिया होती है और अवधारणा स्थायी स्वरूप ग्रहण करती है।

अवधारणा को बनाने में जल्दबाजी नहीं करनी चाहिए। कई बार तो बिना अवधारणा स्थापित किए ही गणित के अभ्यास बनवाए जाते हैं और इसलिए विषय कठिन और नीरस हो जाता है। बच्चे बार-बार गलती करते हैं और अंत में भयभीत होकर उसे कठिन मान लेते हैं। अवधारणा स्थापित करने के पूर्व शिक्षकों को बच्चों के पूर्व ज्ञान की टोह लेनी चाहिए। उसकी पूर्व जानकारी को आधार बनाकर ही हम आगे बढ़ने का काम करें तो काम आसान हो जाता है। जैसे गुणा सीखने की अवधारणा के पूर्व यह देख लेना आवश्यक है कि बच्चा जोड़ की अवधारणा सीख चुका है या नहीं। जोड़ के माध्यम से गुणा की अवधारणा को आगे बढ़ाना अधिक आसान होता है। ज्ञात से अज्ञात की ओर बढ़ने की सरलता रहती है और बच्चों की रुचि भी बढ़ती है।

अवधारणा की स्थापना में अभ्यास का बड़ा महत्त्व है। स्थूल उदाहरण लें—किसी बच्चे को कुरसी की अवधारणा देनी हो तो हम उसके गुण बताकर एक उदाहरण दिखा सकते हैं, परंतु मात्र एक कुरसी देखने से उसकी अवधारणा पक्की नहीं होगी। कुछ कुरसी चार पाँव की होती हैं तो घूमनेवाली कुरसियों में एक ही पाँव रहता है। किसी में हाथ रखने का होता है तो किसी में नहीं। सिर्फ

परिभाषा कहने और कुछ गुणों को बताने से अवधारणा पक्की नहीं होती। कई प्रकार के सदृश-असदृश उदाहरणों के अभ्यास के बाद बच्चे के मानस पटल पर एक समझदारी अंकित होती है और वह आसानी से कह सकता है कि यह लोहेवाली कुरसी है और वह प्लास्टिकवाली, आदि अर्थात् परिभाषा और गुणों की चर्चा के बाद समान, फिर कुछ टेढ़े-मेढ़े अभ्यास बनाने के पश्चात् बच्चा अवधारणा को स्थापित करने में सक्षम हो पाता है।

गलतियों के प्रति दृष्टिकोण : गणित में गलतियों को लेकर भी नई तरह से सोचने की जरूरत है। आमतौर पर गलती देखते ही शिक्षक और अभिभावक भी बच्चे पर हेय दृष्टि डालते और तुरंत उसे डाँटते हैं, जैसे—

38	35	26
+ 22	+ 37	+ 25
510	612	411

गणित के शिक्षक इस उत्तर से नाराज होकर बच्चे को शून्य अंक दे सकते हैं, परंतु यह गलती बताती है कि बच्चा इकाई का अंक जोड़ना जानता है और दहाई के अंक में हासिल को ले जाने में उससे भूल हुई। सभी गलतियाँ अज्ञानता नहीं हैं, बल्कि सीखने की ओर बढ़े हुए कदम हैं। गलतियाँ बताती हैं कि बच्चा पूरी तरह अनजान नहीं है, बल्कि कुछ-न-कुछ अवश्य जानता है। यदि शिक्षक चतुर हो तो वह बच्चे की गलती के बीच एक तारतम्य स्थापित कर यह जानने में सफल हो सकता है कि किसी खास बच्चे से खास तरह की गलती अधिक होती है और अगर उसे सुधार दिया जाए तो वह तेजी से गणित सीखने का काम कर सकता है। आमतौर पर गणित के शिक्षक गलतियों को सहायक नहीं मानते हैं और इसके प्रति नकारात्मक रुख रखते हैं, इससे बच्चा हतोत्साहित होता है और गणित के प्रति अपने मन में भय बना लेता है। यह भी ध्यान देने योग्य बात है कि वयस्कों के सीखने के तरीके से बच्चे के सीखने-समझने के तरीके भिन्न हो सकते हैं। इसलिए शिक्षकों और अभिभावकों को गलतियों के प्रति नई सोच बनाने की जरूरत है।

गणित में प्रक्रिया और परिणाम : गणित को सीखने में प्रक्रिया और परिणाम के मुद्दों पर भी बहस की जरूरत है। आमतौर पर हम उत्तर मिला लेते हैं और कहते हैं कि यह सवाल सही बनाया गया है। कई बार तो बच्चे उत्तरमाला देखकर भी उत्तर पर पहुँचने के तरीके चाहते रहते हैं, लेकिन परिणाम प्राप्त करना ही अपने आपमें पर्याप्त नहीं है। गणित में प्रक्रिया, सवालों को हल करने में हमारी मदद करती है और अंत में हम उत्तर भी प्राप्त कर लेते हैं। प्रक्रिया गलत होने पर सही

उत्तर आना एक आकस्मिकता है, जबकि सही प्रक्रिया अपनाने से सही उत्तर आना एक निश्चित सिद्धांत है। इसलिए गणित के सवालों को हल करने में परिणाम से अधिक प्रक्रिया को महत्त्व दिया जाना चाहिए।

गणित के शिक्षकों की भूमिका : ऊपर के सभी बिंदु शिक्षक की भूमिका से जुड़े हुए हैं। उनके अलावा गणित के शिक्षकों की यह जवाबदेही होती है कि वे सरल एवं आनंददायी तरीके से बात को रखने का प्रयत्न करें। बच्चे को प्रश्न पूछने की आजादी दें और उसकी क्रिया को सकारात्मक रूप में लें।

यदि सीखने की प्रक्रिया में हम बच्चे को जिज्ञासु बना सकें, उन्हें चुनौती का सामना करने का माहौल दें तो वे कठिन प्रक्रिया को आसानी से हल कर लेते हैं। शायद इसलिए कुछ बच्चे, जो नारियल, सब्जी या फल बेचते हैं, बहुत जल्दी अपना हिसाब कर लेते हैं। ठीक है कि वे किताबी गणित नहीं बना सकते, पर 12 रुपये प्रति किलो परवल, तो 750 ग्राम का कितना? प्राय: ऐसे हिसाब वह हम-आपसे जल्दी जोड़ लेता है। गणित का भी सौंदर्यबोध है। यह मस्तिष्क को एक विशिष्ट तार्किक शक्ति एवं व्यापक दृष्टि प्रदान करता है। इसे जीवन की घटनाओं से जोड़कर, कक्षाओं में अनुभव रचकर आगे बढ़ाना चाहिए। प्राथमिक कक्षाओं में गणित में सिर्फ हम श्यामपट के प्रयोग से सभी बच्चों को बहुत आगे नहीं ले जा सकते हैं। हमें विभिन्न शिक्षण सामग्रियों और अधिगम गतिविधियों का साथ-साथ प्रयोग करना होगा।

कमजोर और पिछड़े बच्चों को समझाना : शिक्षण के क्षेत्र में कुछ बच्चों के बारे में हमारी धारणा है कि अमुक बच्चा गणित नहीं सीख सकता। हो सकता है कि बच्चे का घरेलू परिवेश, उसकी सामाजिक-आर्थिक स्थिति, पढ़ने-सीखने के मार्ग में सहायक न हो। वह घर की परेशानियों में माँ-बाप की सहायता के बाद स्कूल आता हो, उसे अपने अध्ययन की कठिनाई में किसी से सहायता न मिलती हो। हर बच्चे के सीखने की गति भी भिन्न-भिन्न होती है। हो सकता है, जो बच्चा प्रारंभ में धीमी गति से सीखता आगे अपनी गति तेज कर ले। कई बच्चे जो आरंभ की कक्षा में धीमे हैं, आगे अच्छा परिणाम भी प्राप्त करते हैं। इसलिए हमें सतत संभावना की उम्मीद रखकर प्राथमिक स्तर पर गणित-शिक्षण की प्रक्रिया चलानी होगी।

सारांशत: गणित की कक्षा में निम्न बातें होनी चाहिए—

1. बच्चों को खुद करके सीखने का अधिक अवसर मिले।
2. बच्चों को सीखने की गति की स्वतंत्रता रहे।

3. हर बच्चे को अपनी प्रक्रिया चुनने, उपयोग करने का अवसर मिले।
4. बच्चों के साथ शिक्षक का संबंध भयरहित और अपनत्व का हो।
5. गलतियों पर डाँट-फटकार लगाए बिना उसे सुधारने में शिक्षक मदद करें।
6. अवधारणा की स्थापना में गतिविधि, शिक्षण-अधिगम सामग्री का प्रयोग किया जाए। प्रयास हो कि बच्चे प्रक्रिया को समझें और उन्हें विभिन्न परिस्थितियों में उपयोग करने की क्षमता प्राप्त कर लें।
7. बच्चे के पूर्वज्ञान, अभ्यास एवं अनुभव को महत्त्व दिया जाए।
8. मूल्यांकन सिर्फ पास-फेल के लिए या अंक देने के लिए न हो, बल्कि उसे बच्चे की समझ को पक्का करने एवं निदानात्मक तरीके निकालने में प्रयोग किया जाए।

उपर्युक्त बिंदुओं एवं उनके विश्लेषण के द्वारा हमने प्राथमिक स्तर पर गणित शिक्षण की प्रक्रिया पर कुछ ठोस सुझाव देने का प्रयास किया है। इस दिशा में कक्षा में बच्चों के साथ व्यावहारिक प्रयोग की जरूरत है, जिससे और भी कई उपयोगी नुस्खे सामने आएँगे। हाँ, गणित शिक्षा से जुड़े व्यक्तियों को गणित के प्रति इस दृष्टिकोण के साथ-साथ बच्चों के बारे में तथा बच्चों के सीखने की प्रक्रिया के बारे में भी एक सही समझदारी विकसित करनी चाहिए।

□

मेरी कहानी

—अरुण कमल

भैया स्कूल जाता था। मैं रोज देखती थी। कभी-कभी मैं भी उसके पीछे-पीछे गली तक जाती। उसकी किताब छूकर देखती। किताब में रंग-रंग के चित्र थे। मैं पन्ना सहलाती। किताब खोलकर सूँघती। किताब की गंध बहुत अच्छी लगती। कभी-कभी मैं उसका बस्ता सजा देती। कभी स्लेट पोंछ देती। फिर उसके घर आने के इंतजार में दरवाजे पर खड़ी रहती। मैं भी स्कूल जाना चाहती थी।

और एक दिन मेरा नाम लिखा गया। मैं भी स्कूल जाने लगी। पहले दिन मैं बहुत सवेरे उठ गई। तैयार हो गई। माँ ने चोटी कर दी। एक नया लाल रिबन बाँधा। एक झोला झाड़कर दिया। वही मेरा बस्ता था। उसी में मैंने स्लेट रखी। स्लेट भैयावाली थी पुरानी। इसमें लकड़ीवाला चौखट नहीं था और पेंसिल रखी और मनोहर पोथी, जो नई थी। माँ ने अखबार से किताब मढ़ दी। मैंने अपनी किताब सूँघी। खूब अच्छी गंध थी। एक हाथ में झोला था। एक हाथ में टाट। बाबूजी ने कहा, ''टाट बिछाकर बैठना। भुइयाँ पर कपड़ा गंदा होगा।''

मैं बाहर आई। मैं बाहर गली में निकली। सब लोग देख रहे थे। नूनू की माँ गोयठा ठोक रही थी। वह भी देखने लगी। भूअरा कुत्ता खड़ा हो गया और सामने नयकी भौजी भी खिड़की के पल्ले के पीछे से देख रही थी, देखकर हँसी। मैंने उनकी बस एक आँख देखी, वह आधा छिपी थी। माँ अभी भी दरवाजे पर खड़ी थी। उसके हाथ में बेसन लगा था। दादी चिल्लाई दही-मछरी और मैं तेजी से दौड़ गई। कारी गाय का बाछा खड़ा था। मैं रुक गई। उसकी गरदन सहलाई। उसे दूब खिलाना मुझे अच्छा लगता है। मेरी तलहथी पर उसकी गरम, भीगी

साँस पड़ती है तो गुदगुदी लगती है। मैंने कहा कि स्कूल जा रही हूँ, शाम को दूब खिलाऊँगी। मैं दौड़ी बाबा पीछे से बोले, "अरे कहाँ? ए मुन्नी।"

लेकिन मैं भागती गई। रास्ते में सोना, रूपा, मधु, नन्हकू, बिसेसर, दिनेश सब मिल गए। हम लोग तुरंत स्कूल पहुँच गए। भैया भी था। हम लोग भी खेलने लगे। मैंने बस्ता एक झाड़ी के पास रख दिया। टाट भी। हम लोग खूब खेले। मास्टर साहब नहीं थे। दौड़ने में थोड़ा गिर गई। तब तक मास्टर साहब आ गए। साइकिल से आए, एक बड़ा लड़का चापाकल से पानी ले आया। मास्टर साहब ने हाथ-मुँह धोया।

फिर प्रार्थना के लिए लाइन लगी। 'बच्चा आगे' मास्टर साहब बोले। मैं आगे आ गई। सब छोटे बच्चे भागे। एक बड़ा लड़का सामने खड़ा होकर गाने लगा, "हे प्रभो, आनंददाता, ज्ञान मुझको दीजिए" सब गाने लगे। मैं चुप थी, कभी-कभी मुँह चला देती। बगलवाला लड़का गोनू चुप था। उसकी नाक भरी हुई थी। रह-रहकर बुलबुला बाहर आ जाता था। वह दोनों हाथ जोड़े, सिर झुकाए आँख बंद किए खड़ा था। हँसी आने लगी। किसी तरह रोका। बड़े लड़के और लड़कियाँ भीतर कोठरी में चले गए। एक कोठरी थी, बड़ी। छप्पर था। मास्टर साहब बोले, यहीं बैठो, धूप है। हम लोग धूप में बैठे। मैंने टाट बिछा लिया। रूपा के पास टाट नहीं था, वह भुइयाँ पर बैठी। मैंने उसे अपने ही टाट पर बैठा लिया। रूपा के पास किताब भी नहीं थी। वह दूर से आती थी, चमरटोली से। उसके पास टीन की स्लेट थी।

मास्टर साहब कुरसी पर बैठे थे। कुरसी पुरानी थी, कुरसी में तीन टाँगें थीं। एक तरफ ईंटा रखा हुआ था। मास्टर साहब ने ककहरा पढ़ाया, हम लोगों ने 'क, ख, ग' लिखा। मुझको थोड़ा-थोड़ा आता था। रूपा एकदम नहीं जानती थी। मेरी भी खल्ली नहीं छुआई गई। भैया को खल्ली छुआई गई थी। देर तक हम लोग ककहरा लिखते रहे। फिर मास्टर साहब कहीं चले गए। हम लोग भी बात करने लगे। दो लड़के मार-पीट करने लगे। फिर मुझको भूख लगने लगी। अब मैं घर जाना चाहती थी। धूप गई थी। पेड़ की छाँह पड़ने लगी। कुछ ठंड लगने लगी। मास्टर आए। बोले, "छुट्टी" घंटी तो थी नहीं। छुट्टी कहते ही सब दौड़े। मैं टाट उठाने लगी। गिरते-गिरते बची। "छुट्टी गरम-गरम लिट्टी" बोलते सब लड़के भागने लगे। सोना, मधु भी भाग गईं। रूपा मेरे साथ थी। हम लोग भी दौड़े। मैं घर आ गई। रूपा दौड़ती गई। उसको दूर जाना था।

दौड़कर मैं सीधे आँगन में जाकर माँ से लिपट गई। 'भूख' मैंने भात और नमक खाया। फिर खेलने चली गई। धीरे-धीरे मैं सब सीख गई। रूपा भी तेज है। उससे मेरा मन लगता है, लेकिन कुछ लड़का सब नहीं पढ़ता है। मास्टर साहब खूब मारते हैं। मुरगा बना देते हैं। कहते हैं, ''लड़की लोग को देखो। लड़की होकर कितना पढ़ती है।'

मैं फर्स्ट हुई। रूपा थर्ड। एक लड़का सेकेंड हुआ। भैया चौथे क्लास में पास हो गया। साधारण पास। वह पाँच में गया। धीरे-धीरे मैं पाँचवीं में चली गई। भैया मिडिल में दूसरे स्कूल में चला गया। रूपा ने पढ़ाई छोड़ दी। वह बीमार रहती है, लेकिन तेज है। उसको सब आता है। रूपा के बिना मेरा मन नहीं लगता। कभी-कभी उससे गली में भेंट होती है।

एक दिन जब मैं स्कूल जा रही थी, दादी बोली, ''आज स्कूल मत जाओ। चलो रसोई में। कुछ काम करो। इतनी बड़ी हो गई, कुछ नहीं जानती।'' माँ खाना बना रही थी। वह अलग थी। बाबूजी, बाबा, भैया; सबको मैंने खाना परोसा। बाबा बार-बार पानी माँगते हैं। मैं चापाकल से पानी लाती। लोटा मलती। बाबा को पानी देती। पाँच दिन मैं स्कूल नहीं गई। शाम को भी पढ़ नहीं पाती थी। फिर नींद आने लगती। मेरा मन ठीक नहीं था। अब हमेशा मेरा स्कूल छूटने लगा। दीवाली में पूरा महीना मैं स्कूल नहीं गई। इतना काम था, धान सूखता था। मैं कौआ हाँकती थी। धान बहारकर जमा करती थी। मेरी पढ़ाई खराब हो रही थी। शाम को लालटेन में पढ़ने बैठती तो दादी डाँटती। तेल खर्चा होगा। एक दिन स्कूल में मैं जवाब न दे सकी। सब हँसने लगे। आसान सवाल था। मास्टर साहब भी हँसे। बोले, ''सब पढ़ाई झोंटा में चला गया।'' मैं रोने-रोने को हो गई।

पाँचवाँ मैं पास कर गई। साधारण पास, लेकिन गाँव में मिडिल स्कूल नहीं। बगल के गाँव में है। एक मील पर। अब देखें, बाबूजी क्या करते हैं। मैं आगे पढ़ना चाहती हूँ।

मैंने नाम लिखाने के लिए माँ से कहा। माँ ने बाबूजी से कहा। बाबूजी चाय पी रहे थे। बोले कि ठहरो, सोचते हैं। देर हो रही थी। मधु और सोना का नाम लिखा गया। दोनों स्कूल जाने लगीं। मधु तो बगल में रहती थी। मैं रोज उसको देखती। उसको नया सलवार और समीज खरीदा गया। काजल लगाकर जाती थी। मैंने माँ को फिर कहा। रोज एक बार कहती, लेकिन बाबूजी कुछ बोल ही नहीं रहे थे। टोले की एक दीदी सोनमुखी कभी आती तो कहती—मेरा तो मन

नहीं लगा पढ़ने में। झूठ-मूठ की आफत।

एक रोज मैं पानी लाने जा रही थी। दाल के लिए चापाकल से पानी लाने जाती थी। रास्ते में कई लड़के मिल गए। सब स्कूल जा रहे थे, मेरे साथ पढ़ते थे। एक बोला, "तुमने छोड़ दिया?" मैं बोली कि होली बाद नाम लिखाएगा, लेकिन दिन-पर-दिन निकलता गया। मेरी पढ़ाई बंद थी। इस बार माँ ने बाबूजी से कहा तो दादी बोली कि बच्चा कौन सँभालेगा?

होली बाद मुझको एक और भाई हुआ। तीसरा भाई। बहुत सुंदर। छोटी-छोटी उँगली। माथे में झबरे बाल। मैं उसी में लगी रहती। उसको खेलाती-सुलाती। काजल लगाती। कभी-कभी माँ का ढील हेरती। कभी भात भी बना लेती। घर बुहारती। चापाकल से पानी लाती और अब गीत भी गाने लगी थी। शादी-ब्याह में मैं भी गाती। शोभा दीदी की शादी में खूब गाया। शोभा दीदी मुझसे चार क्लास आगे थी। उनकी भी पढ़ाई छूट गई थी।

एक दिन मधु शाम को आई। बोली, "तुम स्कूल नहीं जाती हो न, आज बिस्कुट मिला सच?" मैंने कहा, "हूँ, रोज मिलेगा।" पढ़ने में बहुत फायदा है, मैंने सोचा। मधु को किताब-कॉपी भी मिली थी। मैंने बाबूजी को फिर कहा, लेकिन अब कहना बेकार था। कभी-कभी भैया की कोई किताब पढ़ती थी। मधु भी किताब देती थी। बेबी शहर से आती तो बहुत किताब-पत्रिका लाती। पढ़ना अच्छा लगता था। मन लगता था। कहानी पढ़ने बैठती तो छोड़ने का मन नहीं करता था, लेकिन माँ पुकार लेती। घर में काम बढ़ गया था। छोटे-छोटे भाई थे। एक बहन भी और हो गई थी। बहन होने के बाद से माँ बीमार रहती। सब लोग घर में झगड़ते। बहन बहुत रोती थी। मैं ही उसको दुलारती। सुग्गा जब बोलता, तब वह चुप हो जाती। मैं सुग्गे को रोज पढ़ाती थी।

दोपहर को कभी-कभी मैं नयकी भाभी के पास जाती। बहुत सुंदर हैं। पढ़ी-लिखी नहीं हैं। कभी-कभी मुझसे चिट्ठी लिखवाती हैं। बर्फी भी खिलाती हैं कभी-कभी। अभी बिल्कुल लड़की हैं। कभी-कभी चुपचाप रोने लगती हैं, लेकिन देर तक वहाँ बात नहीं होती है। कोई-न-कोई भाभी को पुकार लेता है। मुझको भी डर लगता रहता है कि छोटावाला भाई उठकर रोने न लगे। माधवी शहर से आती तो उसके पास रोज जाती। उसके पापा शहर में काम करते थे। वह अंग्रेजी जानती थी। उसके पास बहुत कपड़े थे और किताब भी। वह रंगीन पत्रिका भी लाती थी। उससे लेकर मैं सबकुछ पढ़ना चाहती, लेकिन घर पर काम

भी बहुत था। अभी भी स्कूल जाने का मेरा मन करता था। पढ़ती रहती तो सातवाँ में रहती। रोज सुबह-शाम दरवाजे पर खड़ा होकर मैं लड़के-लड़कियों को स्कूल जाते देखती। मधु और सोना मुसकरातीं, दौड़कर आती और चूँटी काटकर भाग जातीं। मधु से मैंने सखी लगा लिया है। अब हम दोनों एक-दूसरे को नाम लेकर नहीं पुकारते। 'चंपा' कहते हैं। वह भी चंपा, मैं भी चंपा। एक दिन चंपा ने मेरे बाबूजी से कहा, "चाचा इसको भी स्कूल जाने दीजिए।" बाबूजी बोले, "ठीक है," लेकिन बाद में मुझको कहा, "अब बड़ी हो रही हो घर का काम सीखो।"

रोज पानी लाने का काम मेरा है। दाल का पानी मैं चापाकल से लाती हूँ। एक दिन वहीं जुगल मिल गया। वह पानी लेने आया था। "तुमने भी पढ़ाई छोड़ दी, जुगल?" मैंने पूछा। "हाँ" बाबू कहते हैं, बैलगाड़ी कौन देखेगा? रमन ने भी छोड़ दी। दुकान पर बैठता है। सतीश भी मंदिर में आरती दिखाता है। नीलू माँ के साथ कपड़ा धोने जाती है। सुषमा भी दादी के साथ गोबर चुनती है और गोयठा ठोंकती है। रामकली तो माथे पर खंची लेकर बाजार तोरई बेचने जाती है। आधे से अधिक ने पढ़ाई छोड़ दी। पढ़ाई तो मेरी भी छूट गई, लेकिन पढ़ना नहीं छूटा।

सूरज डूबने के बाद अँधेरा होते हम कई लड़कियों का झुंड मैदान जाता था। हम लोग गप करते लौटते। तब तक खूब अँधेरा हो जाता। रोज दिन का यह नियम था। एक रोज एक लड़की अचानक रोने लगी। हम लोग पूछते रह गए। वह कुछ बोली, जो मैं समझ न सकी। उसको कुछ हो गया था। हम सब उसको घेरकर खड़े हो गए। बाँस के जंगल में हवा बज रही थी। अँधेरा था।

मैं थोड़ा-थोड़ा कढ़ाई भी सीख रही थी। माँ कढ़ाई जानती थी, लेकिन वह कमजोर हो गई थी। इसलिए कभी-कभी मैं कढ़ाई सीखने कर्मचारीजी के घर जाती थी। उनकी तीनों लड़कियाँ कढ़ाई जानती थीं। बड़ी की शादी होनेवाली थी। वह गीत अच्छा गाती थी। शहर में फिल्म भी देखती थी। फिल्म की कहानी कहती थी।

एक बार फूफा आए। फूफा मास्टर थे। उनका बहुत मान था। माँ ने हलुवा बनाया। फूफा को जब मालूम हुआ कि मैं स्कूल नहीं जाती तो वे बहुत नाराज हुए। बोले, "दुनिया कहाँ से कहाँ जा रही है।" बाबूजी बोले, "सो तो है, लेकिन ज्यादा पढ़ाने का माने है, ज्यादा पढ़ा लड़का खोजना होगा। उतना पैसा कहाँ से देंगे?" इस पर फूफा कुछ बोले। मैं हट गई, लेकिन उतना मेरे कान में

पड़ा, ''देखिए मेहमान! दिन-दुनिया खराब है। लड़की सयानी हो रही है। स्कूल भेजना ठीक नहीं है।'' फूफा बोले, ''फिर भी तो लड़कियाँ स्कूल-कॉलेज जा रही हैं। डर अगर है तो घर में भी है।'' बाबूजी बोले, ''हमारी जाति में कौन लड़की कॉलेज जाती है? गाँव में तो एक भी नहीं है।''

और मेरी पढ़ाई खत्म हो गई।

अब मैं घर का सब काम करने लगी। सुबह बहुत जल्दी उठना पड़ता। उजाला होने के पहले मैदान जाना रोज का नियम था। हम लोग कई लड़कियाँ-औरतें झुंड में जाते। पानी हो, पत्थर हो, कुहा हो, दिन निकलने के पहले निश्चिंत होना पड़ता। फिर घर बुहारने से लेकर, लीपने, भोजन बनाने, छोरों को तैयार करने, कपड़ा धोने का, सारा काम मेरा था। रात में माँ-दादी को तेल भी लगाती। सब मुझसे ही पानी माँगते। गाय-गोरू को भी देखना पड़ता। मैं थक जाती। चंपा से भी बात कम होती। नयकी भाभी का तो बच्चा होते ही मर गया। टेटनस हो गया था। तब से वे भी उदास रहतीं।

एक दिन मंजू मिल गई। उसकी माँ बरतन-बासन करती है। मंजू भी माँ के साथ काम करने लगी है। इसका भाई कर्मचारीजी के एक रिश्तेदार के घर में शहर में रह रहा है, छह महीने से। रूपा मर गई। उसका भाई भट्ठा पर काम करता है। उसी ने बताया कि बेचारी रूपा, बहुत बीमार थी।

शाम को हम सब लड़कियाँ कहीं-न-कहीं जमा हो जातीं। दिन भर का जमा सुनाती या गातीं। चंपा ढोलक भी बजाती। कर्मचारीजी की लड़की ने कहा, ''मधु ढोलक बजाती है और सुनी बाँसुरी'' और सब लड़कियाँ हँस पड़ीं। ठठाकर। दादी चिल्लाईं, ''लड़की जात की यह चाल ठीक नहीं, ऐसे हँसा जाता है?''

अभी भी मेरा मन स्कूल जाने को होता था। अभी भी किताब देखते ही मैं सबकुछ भूल जाती। माधवी के पास नई पत्रिका रहती। उसके कागज की गंध मुझको बहुत अच्छी लगती। कोई-कोई पन्ना बहुत चिकना लगता। छूते रहने का मन करता, लेकिन अब पढ़ाई से नाता छूट रहा था। माँ लगातार बीमार रहती, बरतन धोने से लेकर कपड़ा फींचने तक सारा काम मेरा था। भैया मैट्रिक पास करके कॉलेज में चला गया था। मैं भी नौवीं में रहती और दो साल बाद कॉलेज। हे भगवान्!

एक दिन दुपहर बाद अचानक मेरे पेट में जोर से दर्द हुआ। बहुत भीतर। गहरा दर्द, झाँई आने लगी। मैं माँ के पास दौड़ी। माँ ने मुझे सहारा दिया। मैं सो गई।

एक दिन बाद मैंने माँ को बाबूजी से कहते सुना, "अब कोई अच्छा लड़का **खोज**ना शुरू कीजिए। जाँघ तो पवितर नहीं होगी, लेकिन जितना जल्दी बोझ **उतरे**, उतना अच्छा।"

मैं रात में देर तक जागती रही। अजीब लग रहा था। बाहर इतना उजाला था। चाँद चमक रहा था। रोशनी मेरी छाती पर गिर रही थी। मैं सो नहीं पाई।

आज भी नींद नहीं आ रही है। चारों तरफ बहुत अंधकार है। माँ-बाप से दूर इस घर में मैं किसी को नहीं जानती, मुझे बहुत डर लग रहा है। मैं करवट बदलती हूँ और कलाई में भरी चूड़ियाँ अचानक झनझनाकर बजती हैं।

□

विद्यालयों में बाल पुस्तकालय

—विनोदानंद झा

विद्यालय का प्रमुख कार्य है बच्चों में पढ़ने, लिखने, सोचने, समझने के ज्ञान एवं कौशल का विकास। कोई बच्चा जब स्कूल से जुड़ता है तो उसमें पाठ्यक्रम में निर्धारित भाषा, गणित, पर्यावरण आदि की योग्यता हो, यह उम्मीद की जाती है, परंतु हमारे स्कूल में बहुत सारे बच्चे पढ़ना, लिखना भी नहीं सीख पाते हैं। उन्हें पढ़ना कैसे आए, वे पढ़ाई में कैसे मन लगाएँ? यह समस्या हम सभी को बेचैन किए रहती है।

जब बच्चों से बातचीत होती है, उनकी समस्याओं के बारे में पता करते हैं, तो जानकारी मिलती है कि कई बच्चों के पास मात्र एक या दो किताबें हैं। घर पर पढ़ने के लिए सहयोगी सामग्री नहीं है और पढ़ने का माहौल भी नहीं है। क्या कोई बच्चा सिर्फ पाठ्य-पुस्तक की मदद से पढ़ना सीख जाएगा, सिर्फ एक-दो किताबें उसमें रुचि, आनंद उत्पन्न कर सकेंगी? शायद नहीं। बच्चा जितना ज्यादा-से-ज्यादा पुस्तक पढ़ेगा, चित्र देखेगा, चर्चा करेगा, गीत गाएगा, कहानी सुनेगा, सुनाएगा, कविता पढ़ेगा, तुकबंदी करेगा, उसके पढ़ने की दक्षता और रुचि उतनी ही आगे बढ़ती जाएगी, लेकिन यह हो कैसे?

इसका थोड़ा-बहुत समाधान है, विद्यालय का पुस्तकालय। यहाँ पुस्तकालय का मतलब किताबों के ढेर और उसके लेन-देन से नहीं होगा।

यह एक पढ़ने-पढ़ाने का ऐसा कार्यक्रम होगा, जिसमें शिक्षक आनंद महसूस करेंगे और बच्चे भी आनंदित होंगे। यह पुस्तकालय शिक्षक के लिए नए काम का केवल बोझ नहीं बनेगा, बल्कि उसके काम को ज्यादा आसान, मजेदार और कारगर बनाएगा। इसमें शिक्षक का काम केवल आरंभिक स्तर पर होगा। वह बच्चों की सहायता से इसे बखूबी संचालित कर सकेगा और कक्षा पूरी गहराई के साथ चलेगी और बढ़ती रहेगी। पुस्तकालय के व्यावहारिक संचालन का जिन शिक्षकों ने अनुभव प्राप्त किया है, उन्हें यह आभास हुआ है कि यह काम कितना अच्छा और जरूरी है। कार्य के दौरान प्राप्त अनुभव हमें पुस्तकालय चलाने में निपुणता, सहजता और सामर्थ्य प्रदान करेगा।

ध्यान देने योग्य चार बातें—

(1) पुस्तकालय बच्चों में पढ़ने की रुचि और दक्षता बढ़ाने के उद्देश्य से चलाया जाए।

(2) इसकी व्यवस्था और संचालन में बच्चे-बच्चियों का भरपूर सहयोग लिया जाए।

(3) पुस्तकें बच्चों के लिए हैं। वे उन्हें उलटें, पलटें, पढ़ें, उन पर ज्यादा-से-ज्यादा गतिविधि करें।

(4) किताबों को सँभालकर रखा जाए। वे गंदी न हों, नष्ट न हों, सावधानी जरूरी है, परंतु पढ़ने के दौरान यदि किताबें फटती हैं तो शिक्षक इसके लिए उत्तरदायी नहीं होगा।

कैसे शुरू करें

विद्यालय में पुस्तक प्राप्ति के पश्चात् इसकी विधिवत् शुरुआत हेतु एक समारोह आयोजित किया जाए, जिसमें विद्यालय परिवार, विद्यालय शिक्षा समिति, पंचायत प्रतिनिधि तथा समुदाय को आमंत्रित किया जाए। समारोह में यह संदेश प्रसारित किया जाए कि आज से विद्यालय में पुस्तकालय की विधिवत् स्थापना की जा रही है। प्रत्येक वर्ष पुस्तकालय स्थापना की तिथि 'पुस्तकालय दिवस' के रूप में मनाने का संकल्प भी किया जा सकता है।

प्रबंधन व रख-रखाव

(1) पुस्तकालय की समस्त पुस्तकों की सूची इस प्रकार बनाई जाए कि छात्र सरलता के साथ मनपसंद पुस्तकें प्राप्त कर सकें। इसके लिए सूची को

कार्ड पर अंकितकर उचित स्थान पर टाँगा जाए।

(2) स्टॉक पंजी में हर पुस्तक का नाम, लेखक एवं प्रकाशक का नाम तथा मूल्य अंकित हो। इसके लिए निम्न फॉर्मेट का प्रयोग किया जा सकता है।

दिनांक	प्राप्ति	लेखक संख्या	पुस्तक का शीर्षक	प्रकाशन एवं शीर्षक	प्रकाशन वर्ष स्थान	प्राप्ति का स्रोत	मूल्य	कॉल न.	अभ्युक्ति
1	2	3	4	5	6	7	8	9	10

(3) पुस्तकों की क्रम संख्या, स्टॉक पंजी के क्रमानुसार अंकित की जाए।

(4) आरंभिक समय में पुस्तकें विद्यालय से बाहर नहीं जाएँगी, अर्थात् बच्चे पुस्तकों को घर नहीं ले जा सकेंगे, लेकिन कुछ माह के पश्चात् जब पढ़ने की गतिविधि व्यवस्थित चलने लगे, रविवार एवं कम दिनों की छुट्टियों में किताबों को घर ले जाने की छूट दी जा सकती है।

(5) विद्यालय में पुस्तकालय समिति का गठन किया जाए, जिसमें प्रधानाध्यापक, शिक्षक, कक्षा के मॉनिटर तथा अन्य बच्चे शामिल हों।

(6) किताबें बक्से में या अलमारी में रहेंगी, लेकिन पुस्तकालय की घंटी में वे ऐसी जगह फैलाकर या रस्सियों में टाँगकर रखी जाएँगी कि बच्चे किताबों तक आसानी से पहुँच सकें। बच्चों को मनचाही किताब उलटने

की, पढ़ने की, देखने की छूट होनी चाहिए। फिर पुस्तकालय की घंटी के बाद किताबों को बक्से, अलमारी में रख सकते हैं।

(7) पुस्तक रखने की जगह एवं लेन-देन संबंधी तरीके, नियम बच्चों के साथ मिल-बैठकर तय किए जाएँ—यथा वर्गवार कौन किस दिन कौन सी किताबें प्रदर्शित करेगा, जब घर ले जाने की छूट दें तब किताब कितने दिनों में लौटाएँगे, नहीं लौटाने पर कितना शुल्क लगेगा, फटने की स्थिति में क्या होगा?

(8) बच्चे किताब खुद निकालकर पढ़ें, सजाएँ, वितरित करें एवं मरम्मत करें।

पुस्तकालय का उपयोग कैसे?

(1) पुस्तकालय में उपलब्ध पुस्तकों की जानकारी हेतु पुस्तकों की प्रदर्शनी लगाई जाए, जिसमें यथासंभव विद्यालय के सभी शिक्षक, छात्र, अभिभावक एवं विद्यालय शिक्षा समिति के लोगों को आमंत्रित किया जाए। इसके लिए विभिन्न प्रकार की पुस्तकों को दीवार के साथ रस्सी में टाँगकर, मेज, फर्श पर फैलाकर, स्टॉल लगाकर व्यवस्था की जा सकती है। पुस्तकों का प्रदर्शन आकर्षक ढंग से होना चाहिए, ताकि देखते ही बच्चों में पढ़ने की ललक पैदा हो जाए।

(2) विद्यालय में चलनेवाली घंटियों में (दैनिक कार्य-तालिका) सुविधानुसार एक घंटी प्रतिदिन पुस्तकालय के लिए निर्धारित की जाए, अर्थात् हर कक्षा को कम-से-कम सप्ताह में एक दिन एक घंटी पुस्तकालय गतिविधि पर अवश्य मिले। उस समय बच्चे आसानी से पुस्तकों का लेन-देन करें, साथ-साथ पढ़ें भी।

(3) बच्चों के पुस्तकालय से हमें यह समझना होगा कि अपने आस-पास की सामग्री जुटाने की ललक, जिज्ञासा पैदा की जाए, साथ-ही-साथ पढ़ी हुई किताबों पर आपस में चर्चा हो।

(4) जो बच्चे पढ़ नहीं पाते हों, उनके साथ आप चित्रात्मक किताबें लेकर बैठें और चर्चा करें, ताकि पुस्तकालय की गतिविधियों में वे भी शामिल रह सकें।

(5) पढ़ी हुई सामग्री को अपनी भाषा में, बच्चों की भाषा में उन्हें सुनाएँ, गतिविधि कराएँ, बनाएँ, बच्चे छोटे समूह में नाटक बनाकर खेलें।

(6) बच्चों द्वारा पढ़ी गई किताबों की समीक्षा की जाए।

(7) बच्चों को छोटा-छोटा समूह बनाकर कुछ शब्दों जैसे—बिल्ली, कुत्ता, चूहा, रस्सी, मोटर इत्यादि को जोड़ते हुए कहानी, कविता लिखने को कहा जाए, इससे बच्चों में कल्पनाशक्ति का विकास होगा।

(8) चित्र दिखाकर, घटना देकर, कहानी-कविता की रचना बच्चों से कराई जा सकती है।

(9) पुस्तकालय की किसी एक किताब को चिह्नितकर बच्चों को इशारा करके उनके आधार पर किताब की पहचान कराई जा सकती है।

(10) पुस्तकालय आधारित खेल, जैसे अमुक पृष्ठ में संयुक्ताक्षरवाले शब्द, शब्द-युग्म, वाक्यों का अंतिम शब्द आदि खोजे जा सकते हैं।

(11) किसी संवाद/संवादों को अलग-अलग बच्चे से उनके अंदाज में पढ़ने को कहा जाए। इसी प्रकार उनसे अलग-अलग पात्रों का अभिनय करने को भी कहा जा सकता है। इस गतिविधि के अनेक आयाम हैं और बच्चे इसमें रस लेंगे।

(12) ऐसी ढेर सारी गतिविधियाँ सोचनी होंगी, जिनसे बच्चों को पुस्तकालय का समय सार्थक लगे। वे हर बार अपने समय को आनंद के साथ बिताएँ और किताबों को प्यार करें।

(13) समाचार-पत्र की कोई सूचना, सूचनापट्ट पर बच्चों द्वारा अंकित कराई जा सकती है।

(14) पुस्तकालय का उपयोग इस प्रकार हो कि पहली, दूसरी कक्षा के बच्चों में सही उच्चारण के साथ पढ़ना आ जाए।

(15) अपने से पढ़ना, लिखना, खुद निर्णय लेना, सृजन का अहसास, चीजों को व्यवस्थित करना जैसी क्षमताओं का विकास बच्चे स्वयं कर सकें। इस लक्ष्य को प्राप्त करने में पुस्तकालय सहायक हो।

(16) पुस्तक पर्व (मेला), साप्ताहिक, पाक्षिक, मासिक प्रमुख पुस्तकों को प्रदर्शित और बहुपठित बनाने के आयोजनों का मॉडल प्रस्तुत कर सकते हैं। यह संकुल केंद्र के विद्यालयों में तो अवश्य हो सकता है, क्योंकि संकुल हमारे पुस्तकालय गतिविधियों का केंद्र भी है।

समृद्धि कैसे ?

(1) पुस्तकालय की समृद्धि हेतु विद्यालय में पुराने अखबारों के महत्त्वपूर्ण अंशों की कटिंगकर कूट या गत्ते पर चिपकाकर फाइल में रखा जाए एवं बच्चों के लिए उपयोग किया जाए।

(2) बच्चों द्वारा रचित कविता, कहानी, चुटकुले आदि की हस्तलिखित प्रतियाँ पुस्तकालय में रखी जाएँ।

(3) हर गाँव-घर, शहर में स्थानीय बोली में लोककथा, पहेली, कही और सुनी जाती है। उनमें से छोटी-छोटी कहानियों को, जीवनी को, पहेली को, कार्ड-बोर्ड पर लिखकर पठन सामग्री बनाई जा सकती है। बड़े-बुजुर्गों से कहानियाँ सुनकर उन्हें भी सरल भाषा में लिखकर रखा जाए।

(4) प्रबुद्ध लोगों के शैक्षणिक सहयोग से छपी सामग्री, हस्तलिखित पुस्तकें एकत्रित की जाएँ।

(5) पुस्तकालय कोश की स्थापना (ग्राम शिक्षा समिति/जन प्रतिनिधियों द्वारा आर्थिक सहयोग)।

(6) पुरानी पत्रिका एवं किताबों का संग्रह।

(7) नवीन तकनीक पर आधारित नई-नई पुस्तकों का संग्रह।

(8) बोर्ड (पाशा आधारित) खेल, साँप-सीढ़ी के खेल बनाकर इन्हें कूट, गत्ते पर चिपकाकर पुस्तकालय में रखा जाए।

(9) बीच-बीच में महापुरुषों की जयंती के अवसर पर, पर्व-त्योहार के अवसर पर, प्रेरणादायक दिवस के अवसर पर विशेष कार्यक्रम—यथा बच्चों द्वारा कविता-पाठ, आलेख-पाठ, किसी कहानी का नाट्य रूपांतर, नाट्य प्रस्तुति, चित्रांकन, अंत्याक्षरी, गायन आदि का आयोजन किया जा सकता है। इस काम में स्थानीय समुदाय में उपलब्ध स्वतंत्रता सेनानी, कथाकार, कवि, गायक, मूर्तिकार, नाटककार आदि संस्कृतिकर्मियों की मदद ली जा सकती है। कभी-कभी समुदाय शिक्षित व्यक्ति के अलावा अनपढ़ लोग भी इन कामों में दक्ष होते हैं, उनकी सहायता प्राप्त की जा सकती है। विद्यालय के पूर्व छात्र, जो अब ऊँची कक्षा में पढ़ते हैं, भी इन क्रियाकलापों में मददगार हो सकते हैं।

जब बच्चे किताबें पढ़ेंगे तो कुछ किताबों का थोड़ा-बहुत फटना संभव

है। इससे चिंतित नहीं होना है। हाँ, बीच-बीच में किताबों की मरम्मत का काम बच्चे खुद गोंद से, टेप से, जिल्द लगाकर या सुई-धागे की मदद से करें, यह व्यवस्था होनी चाहिए।

(10) माह में एक दिन पुस्तकों की सफाई, धूल झाड़ना, कपड़े से पोंछना, बक्से-अलमारी की सफाई और किताबों की मरम्मत के लिए रखें। इसमें बड़ी कक्षा के बच्चे-बच्चियों की मदद ली जाए।

(11) पुस्तकालय आंदोलन में दिलचस्पी के साथ जुड़ें, उसे बच्चों के बीच ले चलें और अपने अनुभवों से एक-दूसरे को मदद करने तथा किताबों की दुनिया से जुड़ने का सिलसिला शुरू करें।

□

शिक्षक एक कदम आगे

—महफूज अहमद खाँ

हमारा समाज शिक्षकों का विशिष्ट सम्मान करता आया है, करता है और करता रहेगा। शर्त है कि शिक्षक अपने दायित्वों का भलीभाँति निर्वाह करते हों। इस शिक्षकीय दायित्व शब्द के व्यापक और उदार अर्थ को समझने की जरूरत है। इस शब्द को परिभाषित करने के लिए कोई 'एक सूत्री योजना' बनाई जा सकती है। यह तो प्रत्येक शिक्षक, विद्यालय परिवेश, छात्र संख्या, ग्रामीण या शहरी वातावरण, अभिभावकों की सोच और सहयोग पर निर्भर करता है। उत्तम शिक्षा तब भी विराजमान थी, जब शिष्यगण भिक्षाटनकर खाते तथा गुरुकुल में गुरुओं को खिलाते थे। शिक्षा तब भी प्रौढ थी, जब उपस्कर के अभाव में शांतिनिकेतन के वृक्ष की डालियों के नीचे पठन-पाठन का कार्य होता था। अब इस कार्य ने एक तेज गति पकड़ी है। अब अधिकांश विद्यालयों के भवन पक्के हैं, भरपूर उपस्कर हैं, नि:शुल्क पुस्तकें हैं। साइकिलें तथा मध्याह्न भोजन भी है। विद्यालयों में अब शिक्षकों की कमी का रोना या राग अलापना शोभा नहीं देता। फिर भी शत-प्रतिशत शिक्षित समाज का सपना साकार होता नहीं दिखता। शायद इसके पीछे सच्ची लगन, कड़ी मेहनत और ईमानदारी में कुछ कमी है। कुछ नया, कुछ अलग करने की जरूरत है।

बहैसियत शिक्षक अपना अनुभव आपसे बाँटना चाहता हूँ। 1977 से 1988 तक राजकीय मध्य विद्यालय चैलाहा, तुरकौलिया में लगातार भरपूर शिक्षकीय कार्य करने के बाद स्थानांतरित होकर जब लोकनाथपुर पाठक टोला प्राथमिक विद्यालय में पहुँचा तो छात्र उपस्थिति 20-25 देख मन छोटा हो गया। प्रत्येक परिवार से संपर्क करने पर छात्र संख्या बढ़ी, पर पुस्तक और लेखन-सामग्री का अभाव था।

उस समय सर्व शिक्षा अभियान का शुभारंभ नहीं हुआ था। मैं अपने पैसों से मनोहर पोथी और स्लेट आदि लाया। छात्रों में मुफ्त वितरण किया। अभिभावकों एवं छात्रों से समान रूप से मित्रवत् व्यवहार किया। विद्यालय को आकर्षक बनाया और शीघ्र ही दूसरे गाँव से भी बच्चे आने लगे और मार्च 1992 में मेरा स्थानांतरण एक मध्य विद्यालय में हुआ तो उस समय उस प्राथमिक विद्यालय की छात्र उपस्थिति 150 से अधिक थी।

मेरे मध्य विद्यालय में जाने का किस्सा भी रोचक है। 1991 में मैं तत्कालीन क्षेत्र शिक्षा पदाधिकारी से मिला और मुझे किसी बड़े मध्य विद्यालय में पदस्थापन करने का आग्रह किया। उस समय पदाधिकारी श्री विनोदानंद झा ने साक्षरता अभियान की मशाल जला रखी थी तथा उनका पहला पड़ाव मोतिहारी शहर से 10 किलोमीटर दूर अत्यंत पिछड़ा, अनुसूचित जाति जनजाति बाहुल्य ग्राम रूलही था। आदेश हुआ कि 120 दिन के इस अभियान में सहयोग करें।

हमारा 'मिशन रूलही' जबरदस्त रहा। 120 दिनों तक हम मोतिहारी से रूलही रोज गए। ईद-बकरीद को भी छुट्टी नहीं मनाई। 15-35 आयु वर्ग के निरक्षर स्त्री-पुरुष को साक्षर करने का दायित्व था। हमने 40-40 की टीम बनाई। दो-दो अनुदेशक/स्वयंसेवक शिक्षण कार्य पर लगाए। पूरे समाज में कुछ नया करने का जोश पैदा किया गया और हमारे वयस्क 'शिष्यों' ने खूब सहयोग किया।

कई अनुभव हुए। एक तो आज भी याद आता है तो ठहर सा जाता हूँ। 45 मुसहर महिलाओं की एक टीम को पढ़ाने का दायित्व मेरा था। हमारा वर्ग लगता था—सड़क के किनारे, किसी वृक्ष के नीचे या बाँसवारी में घास-पत्तों की सफाई कराकर। एक कॉपी की जाँच के क्रम में मैंने महसूस किया कि उनके कपड़ों से दुर्गंध आती है। मेरे द्वारा साफ-सफाई एवं नित्य स्नान के लेक्चर के जवाब में एक साहसी महिला रजली देवी ने जो बताया, वह आज भी मेरे रोंगटे (रोएँ) खड़े कर देता है। हे भगवान्! वे साल भर से एक ही साड़ी ब्लाउज पहनती हैं। उनके मर्द बड़ी दिक्कतों से छठ के अवसर पर एक साड़ी ला पाते हैं। रात के अँधेरे में नदी के किनारे नहाना (बिना साबुन के) और फिर वही पुरानी व मैली साड़ी लपेट लेना उनकी ऐसी मजबूरी थी, जिसपर हमें रोना आया। वे किसी साबुन का नाम नहीं जानती थीं। हमने अपने पदाधिकारी के साथ बैठक की, कुछ निर्णय लिये और मोतिहारी लौट आए।

दो मोहल्लों का चयन किया। बड़े घरों के दरवाजे खटखटाए। वस्तुस्थिति की जानकारी दी। परिस्थिति विशेष में पुराने, पहने हुए कपड़ों के लिए हाथ फैलाए।

महिलाओं ने दिल खोलकर सहयोग किया। साड़ी-ब्लाउज, सलवार-जंपर, बच्चियों के फ्रॉक, कुछ गरम कपड़े, स्वेटर-शाल आदि हम गाड़ियों में भरकर वापस रूलही लौटे। हाँ, नगद सहयोग राशि से ढेर सारे साबुन भी लिये और एक बड़ी सभा करके सभी सामग्री बाँट दी गई। दूसरे दिन देखने लायक था। पूरा गाँव नहा-धोकर साफ कपड़ों में जैसे किसी मेले में जाने को तैयार बैठा था। हमारी खुशियों का कोई ठिकाना नहीं रहा।

साक्षरता अभियान को जैसे एक नया बल मिला। समय सीमा के अंदर ही अभियान समाप्त हुआ। मीडियाकर्मियों द्वारा जाँच-पड़ताल हुई। समाचार बने और दूसरों के लिए प्रेरणा स्रोत भी। सबकुछ ठीक था। जिलाधिकारी, आरक्षी अधीक्षक आदि ने कई चक्कर लगाए। अंतिम दिन तिरहुत प्रमंडल के आयुक्त द्वारा रूलही को साक्षर घोषित किया गया।

लेकिन यह अभियान का समापन नहीं था। यह मध्यांतर था। वहाँ बहुत गरीबी थी। हमें उन्हें रोजगार से जोड़ना था। श्री विनोदानंद झा, जो टीम लीडर थे, ने बड़ी मेहनत की। हाथकरघा दिलाया गया। खादी के कपड़े, तौलिया आदि तैयार कराए। चमड़े की चप्पल बनवाई और मोतिहारी में स्टॉल लगाकर उनकी बिक्री हुई। सारी आमदनी उनके बीच बाँट दी गई। यही नहीं, गणतंत्र दिवस 1992 के अवसर पर साक्षर रूलही की एक शानदार झाँकी गांधी मैदान में निकाली गई, जिसे सर्वश्रेष्ठ स्थान मिला।

शिक्षक क्या नहीं कर सकते। अभी मेरा नए विद्यालय में पहुँचना बाकी है। साक्षरता अभियान के सफल समापन के बाद जब मेरा आवेदन लेकर तत्कालीन क्षेत्र शिक्षा पदाधिकारी, संप्रति जिला शिक्षा पदाधिकारी, जब जिला पदाधिकारी के पास पहुँचे तो प्रसन्नचित्त श्री दीपक कुमार ने हँसते हुए टिप्पणी की, ''प्राय: शिक्षक अधिक काम से घबराते हैं, मेरे नजदीक यह पहला आवेदन है, जिसमें किसी बड़े छात्र-संख्यावाले मध्य विद्यालय में भेजे जाने का आग्रह किया गया है।

आदेश पारित हुआ और मैं रा.म.वि. विशुनपुरवा, तुरकौलिया, जो आज उत्क्रमित उच्च विद्यालय हो गया है, में पहुँचा। 300 के करीब छात्र-छात्राएँ, 5 शिक्षक, ग्रामीण जनता अधिकांशत: शिक्षित एवं कार्यरत। अच्छा माहौल था। मनोनुकूल वातावरण। बच्चों से परिचय हुआ। दत्त-चित्त होकर काम आरंभ किया।

एक दिन छठी एवं सातवीं क्लास के छात्रों के बीच संस्कार और शिष्टाचार पर बात हो रही थी। बातचीत के क्रम में पता चला कि बच्चे सुबह अपने माता-पिता एवं बड़ों को प्रणाम-सलाम नहीं करते। यह सभ्य समाज की परिपाटी रही है

और सुबह-सुबह बड़ों से आशीर्वाद प्राप्त करना अच्छा लगता है। मैंने बच्चों को प्रेरित किया। पहले तो बच्चे हिचकिचाए, पर मेरे दबाव देने पर तैयार हो गए। मैंने ताकीद की कि दूसरे दिन वे अपना-अपना अनुभव वर्ग में बाँटेंगे।

फिर ऐसा हुआ कि करीब साढ़े दस बजे दो दर्जन से अधिक ग्रामीण विद्यालय में आकर नए मास्टर साहब अर्थात् मुझे खोजने लगे। प्रधानाध्यापक डर गए। यह समझा कि कोई बड़ी शिकायत हो गई है। वे उन्हें समझाने का प्रयास करने लगे पर वे नहीं माने। मुझे क्लास रूम से बुलवाया, मुझसे हाथ मिलाया, मेरा धन्यवाद किया। एक ने कहा, ''आज से पहले मेरे बच्चे मुझे इतने प्यारे कभी नहीं लगे थे। आप इसी विद्यालय में बने रहें, कोई दिक्कत हो तो बताएँ, हम चाहते हैं कि सेवा निवृत्ति तक आप इसी विद्यालय में रहें।'' और फिर ऐसा ही हुआ। 15 वर्षों के बाद मैं उसी विद्यालय से सेवानिवृत्त हुआ।

जानें अपने शिष्यों को

कितना अच्छा लगता है, जब शिक्षक अपने शिष्य को उसके नाम से बुलाते हैं। शिष्य अंदर-ही-अंदर प्रसन्न होता है। समझता है, ये शिक्षक उससे स्नेह रखते हैं। वह उनकी बातों को ध्यान से सुनता है और उनकी नसीहतों को अपने अंदर उतारने का प्रयास करता है। छात्र अपने शिष्यों की बातें, हाव-भाव, शिक्षण-पद्धति आदि की चर्चा अपने मित्रों, परिवार के सदस्यों से करते ही रहते हैं और अभिभावक शिक्षक के प्रति एक अवधारणा स्थापित कर लेते हैं; फिर यह संदेश दूर तक जाता है। क्या हम शिक्षकों को अपने आचार-विचार और व्यवहार में सतर्क रहने की आवश्यकता नहीं है ?

विद्यालय में वर्ग शिक्षक का अपना एक महत्त्व है। यह मान लिया गया है कि वर्ग शिक्षक अपने वर्ग के सभी छात्र/छात्राओं को उसके नाम से जानते-पहचानते होंगे। उसके गुण-अवगुण से अवगत होंगे। बच्चों की रुचियों से परिचित होंगे। एक बालक गणित में कमजोर हो सकता है, परंतु वह चित्रकला, संगीत, वाद्य-वादन, खेल आदि में विशिष्ट रुचि रखनेवाला हुआ तो उसकी प्रतिभा को शिक्षक प्रोत्साहित नहीं करेंगे ? क्या माली अपने पौधों की देख-भाल नहीं करता ? वर्ग शिक्षक अपने छात्र-छात्राओं को करीब से जानें, इसके लिए शिक्षा विभाग ने एक रिपोर्ट कार्ड छपाकर दिया है। उसे सही-सही भरकर अभिभावकों को जानकारी देनी है। इससे अभिभावक अपने बच्चे को जानेंगे और शिक्षक को सहयोग देंगे। शिक्षक भी सही तरीके से हर बच्चे के लिए आवश्यकतानुसार तरीके और सामग्री

का चयन और प्रयोग कर सकेंगे।

शिक्षकों का दायित्व बहुत बड़ा है। इतना बड़ा कि शायद ही इसे शब्दों में समेटा जा सके, पर एक बात है, वह यह कि जो भी कार्य करें, पूरी तन्मयता से करें। न केवल पाठ्य-पुस्तक का समुचित अध्ययन हो, वरन पठन-शिक्षण भी रुचिकर हो। किसी वर्ग के सभी छात्रों का मानसिक स्तर समान नहीं हो सकता। व्यक्तिगत प्रश्नों में भी सावधानी बरतने की जरूरत है। उदाहरणार्थ यह बानगी देखें।

एक शिक्षक तीसरी कक्षा में गणित पढ़ा रहे थे। भेड़-पालन को व्यवसाय के रूप में अपनानेवाले परिवार से आए एक छात्र से प्रश्न—

शिक्षक : तुम्हारे बाड़े में 10 भेड़ें हैं, फाटक खुला रह गया और दो भेड़ें बाहर निकल गईं तो बताओ कि कितनी भेड़ें शेष रह गईं?

छात्र : एक भी नहीं।

शिक्षक : अफसोस, तुम गणित बिल्कुल नहीं जानते।

छात्र : तो फिर आप भी भेंड़ों को नहीं जानते।

देखा आपने, कितनी चूक हो गई। क्या अब भी और कुछ कहने की जरूरत है। मेरे शिष्य बैंक, रेलवे, सेना आदि में हैं। मुझसे मिलने आते हैं और आज भी मुझसे कोई उपदेश पाना चाहते हैं। अच्छा लगता है। जैसे किसान अपनी लहलहाती फसलों को देखकर प्रसन्न होता है, वैसी ही प्रसन्नता मेरे अंदर उभरती है।

मैं तो सेवानिवृत्त हो गया। बहुत कुछ करना था, समय ने साथ नहीं दिया। हाँ, कार्यरत सभी शिक्षकों से आशा करता हूँ कि वे अपना कार्य निष्ठापूर्वक करते जाएँ। ऐसी मेरी कामना है। तन्मयता, मेहनत, ईमानदारी और सच्ची लगन से कार्य करें, जैसा कि मुंबई में डिब्बावालों की कार्य कुशलता विश्वविख्यात है। बताते हैं कि पाँच हजार डिब्बावाले विभिन्न कार्यालयों में फैले दो लाख कर्मचारियों को समय पर उनका टिफिन डिब्बा पहुँचा देते हैं। वे कभी लेट नहीं होते और 1880 से आज तक 132 वर्षों में उन्होंने कभी हड़ताल नहीं किया। है न आश्चर्य की बात।

हम भी कुछ नई दिशाएँ तलाशें। कुछ करें नया, एक कदम आगे।

□

जो देखकर भी नहीं देखते

—हेलन कीलर

हेलन कीलर (1880-1968, अमेरिका) एक ऐसा नाम है, जो घोर अंधकार के बीच रोशनी देता है। कल्पना करें कि जो न सुन सकता हो, न देख सकता हो, फिर भी वह लिखना-पढ़ना और बोलना सीख ले, भरपूर आशा-आकांक्षा के साथ जीवन जीने लगे और उसका योगदान दुनिया के लिए यादगार बन जाए। ऐसी थीं, हेलन कीलर। जब वे डेढ़ वर्ष की थीं, बचपन की एक गंभीर बीमारी की वजह से उनकी देखने और सुनने की शक्ति जाती रही, लेकिन उन्होंने हार नहीं मानी। कॉलेज के दिनों में ही प्रकाशित अपनी आत्मकथा 'स्टोरी ऑफ लाइफ' में वे लिखती हैं, "मुझे यह तो याद नहीं कि ऐसा कैसे हुआ, लेकिन ऐसा लगता था कि रात कभी खत्म क्यों नहीं होती और सुबह क्यों नहीं आती।" दुनिया की सभी भाषाओं में इस किताब के अनुवाद हुए हैं। इसके अलावा भी उनकी दस पुस्तकें ओर सैकड़ों लेख प्रकाशित हुए हैं। उन्होंने दुनिया भर में घूम-घूमकर अपने जैसे लोगों के अधिकारों और विश्वशांति के लिए काम किया। हेलेन भारत भी आई थीं। पढ़ें हेलन कीलर के विचार—

कभी-कभी मैं अपने मित्रों की परीक्षा लेती हूँ, यह परखने के लिए कि वे क्या देखते हैं। हाल ही में मेरी एक प्रिय मित्र जंगल की सैर करने के बाद वापस

लौटीं। मैंने उनसे पूछा, ''आपने क्या-क्या देखा ?''

''कुछ खास तो नहीं,'' उनका जवाब था। मुझे बहुत अचरज नहीं हुआ, क्योंकि मैं अब इस तरह के उत्तरों की आदी हो चुकी हूँ। मेरा विश्वास है कि जिन लोगों की आँखें होती हैं, वे बहुत कम देखते हैं।

क्या यह संभव है कि भला कोई जंगल में घंटा भर घूमे और फिर भी कोई विशेष चीज न देखे ? मुझे, जिसे कुछ भी नहीं दिखाई देता, सैकड़ों रोचक चीजें मिलती हैं, जिन्हें मैं छूकर पहचान लेती हूँ।

मैं भोज-पत्र के पेड़ की चिकनी छाल और चीड़ की खुरदरी छाल को स्पर्श से पहचान लेती हूँ। वसंत के दौरान मैं टहनियों में नई कलियाँ खोजती हूँ। मुझे फूलों की पंखुड़ियों की मखमली सतह छूने और उनकी घुमावदार बनावट महसूस करने में अपार आनंद मिलता है। इस दौरान मुझे प्रकृति के जादू का कुछ अहसास होता है। कभी, जब मैं खुशनसीब होती हूँ, तो टहनी पर हाथ रखते ही किसी चिड़िया के मधुर स्वर कानों में गूँजने लगते हैं। अपनी उँगलियों के बीच झरने के पानी को बहते हुए महसूसकर मैं आनंदित हो उठती हूँ। मुझे चीड़ की फैली पत्तियाँ या घास का मैदान किसी भी महँगे कालीन से अधिक प्रिय हैं। बदलते हुए मौसम का समाँ मेरे जीवन में एक नया रंग और खुशियाँ भर जाता है। कभी-कभी मेरा दिल इन सब चीजों को देखने के लिए मचल उठता है। अगर मुझे इन चीजों को सिर्फ छूने भर से इतनी खुशी मिलती है, तो उनकी सुंदरता देखकर तो मेरा मन मुग्ध ही हो जाएगा, परंतु जिन लोगों की आँखें हैं, वे सचमुच बहुत कम देखते हैं। इस दुनिया के अलग-अलग सुंदर रंग उनकी संवेदना को नहीं छूते। मनुष्य अपनी क्षमताओं की कभी कदर नहीं करता। वह हमेशा उस चीज की आस लगाए रहता है, जो उसके पास नहीं है।

यह कितने दु:ख की बात है कि दृष्टि के आशीर्वाद को लोग एक साधारण सी चीज समझते हैं, जबकि इस नियामत से जिंदगी को खुशियों के इंद्रधनुषी रंगों से हरा-भरा किया जा सकता है।

□

बच्चे कैसे सीखते हैं ?

- सभी बच्चे सीखने में सक्षम होते हैं और स्वाभाविक रूप से सीखने के लिए उत्सुक होते हैं।
- सभी बच्चे सीख सकते हैं, यदि उन्हें अपनी ही गति से सीखने दिया जाए और सीखने के अपने ही तरीकों को अपनाने दिया जाए।
- सीखना एक सतत प्रक्रिया है। अत: सीखना केवल विद्यालय में ही नहीं होता, बल्कि विद्यालय के बाहर भी जारी रहता है। अत: कक्षा और घर के बीच एक सेतु का बनाना जरूरी है।
- बच्चे स्वाभाविक तौर पर खेल और काम को करने के दौरान सीखते हैं।
- बच्चे एक-दूसरे से बहुत अच्छी तरह सीखते हैं।
- कला सीखने का बहुत अच्छा आधार तैयार करती है।
- बच्चे अनुभव द्वारा, चीजों को बनाकर, पढ़कर, प्रयोग करके, पूछकर, चर्चा करके, सुनकर, देखकर, प्रतिक्रिया से, बोलकर, लिखकर आदि तरीकों से सीखते हैं।
- सीखने के दौरान बच्चे बहुत सी गलतियाँ भी करते हैं। ये गलतियाँ सीखने की प्रक्रिया के महत्त्वपूर्ण अंग हैं।
- बच्चे 'समग्रता' से सीखते हैं, न कि अर्थहीन टुकड़ों में। उदाहरण के लिए आप जब इन लिखे हुए शब्दों को पढ़ रहे हैं तो अक्षरों और मात्राओं को अलग-अलग तोड़कर नहीं पढ़ रहे हैं, बल्कि पूरे शब्द को एक ही दृष्टि में पढ़ रहे हैं।

- बच्चे अपने ज्ञान का स्वयं निर्माण करते हैं। केवल शिक्षक या बड़ों के सिखाने का इंतजार बच्चे नहीं करते, बल्कि वे खोजबीन, कल्पना, पुनरावृत्ति और परीक्षणों द्वारा अधिक सीखते हैं।
- बच्चे जानी गई और सीखी गई बातों को बार-बार दुहराकर उनकी पुष्टि करते हैं।

□

विशेष आवश्यकतावाले बच्चों की देखभाल

दृष्टिबाधित बच्चे वस्तुओं को उतने अच्छे ढंग से तथा साफ-साफ नहीं देख सकते, जिस तरह सामान्य या 6/6 दृष्टिवाले बच्चे। विशेष आवश्यकताओंवाले बच्चों को वर्गीकृत करने के लिए अशक्तता के स्तर व परिमाण के अनुसार बहुत सारी श्रेणियाँ सुझाई गई हैं।

सामान्यतया ऐसे बच्चों को घर से विद्यालय और वापस घर तक आने-जाने के लिए किसी की सहायता की आवश्यकता पड़ती है। उन्हें कक्षा तक पहुँचने के लिए लिखित निर्देश पढ़ने और लिखने में मदद की आवश्यकता होती है। उदाहरण के लिए, ये ऐसे बच्चे हैं, जिनमें दृष्टि-बाधिता या जिनमें अशक्तता का दरजा कम है, ऐसे बच्चों को बड़े शब्दोंवाली व मोटे अक्षरोंवाली पुस्तकें उपलब्ध करवाई जानी चाहिए और दूसरी ओर उन बच्चों को, जिनमें अधिक अशक्तता है, उन्हें पुस्तकें व अन्य सामग्री की बजाय ब्रेल या बोलनेवाली पुस्तकें उपलब्ध होनी चाहिए। यदि ब्रेल या बोलनेवाली पुस्तकें उपलब्ध न हो सकें तो ऑडियो कैसेट में रिकॉर्ड करके भी अध्ययन सामग्री उपलब्ध कराई जा सकती है। आप अपने परिवेश में उपलब्ध अन्य उचित सामग्रियों का भी उपयोग कर सकते हैं। गोपी कक्षा दो का बच्चा है और अकसर आखिरी पंक्ति/लाइन में बैठता है। वह ब्लैक बोर्ड से अध्यापक द्वारा लिखे गए शब्दों को अपनी पुस्तिका में नहीं लिख सकता। कुछ दिनों बाद अध्यापिका ने गोपी को पहली लाइन में बिठाया तो उसने हर शब्द को शुद्ध और सफाई से अपनी पुस्तिका में लिखा। क्या ऐसे उदाहरण आपने अपनी कक्षा में महसूस किए हैं?

आपके सम्मुख एक चुनौती यह भी होती होगी कि दृष्टिबाधित बच्चों को शामिल करने के लिए कक्षा में कैसे बदलाव ला सकते हैं?

यहाँ पर कुछ ऐसे तरीके दिए गए हैं, जिनके द्वारा हम विद्यालय को समावेशी

बनाने में सहायता कर सकते हैं—

- कक्षा के कमरे रोशनीदार हों, ताकि सभी बच्चे बोर्ड को, अध्यापक व श्यामपट्ट को भलीभाँति देख सकें।
- दरवाजे व फर्नीचर के किनारे धारदार व नुकीले न हों। फर्नीचर की कीलें अनावश्यक रूप से आगे न निकली हों।
- जब लोग आपस में बातचीत करें तो यह पहले बताएँ कि वे कौन हैं, उनका नाम क्या है? इससे दृष्टिबाधित बच्चों को उन्हें पहचानने में आसानी हो जाती है और वे बातचीत में हिस्सा ले सकते हैं।
- बच्चों के लिए अधिगम संबंधित और सहायक सामग्री उपयुक्त होनी चाहिए, जिससे बच्चे सुनकर, छूकर और महसूस करके समझ सकें। उदाहरण के लिए, यदि कक्षा में भोजन विषय पर चर्चा है तो यह एक मसालों से भरा डिब्बा हो सकता है, विभिन्न प्रकार की सब्जियाँ या फल हो सकते हैं, या उनके मॉडल हो सकते हैं या पुस्तकों की ऑडियो टेप हो सकती है। विभिन्न आकृतिवाले डिब्बे भी प्रयोग में लाए जा सकते हैं।
- एक अध्यापक के लिए यह आवश्यक है कि वह जो भी लिखे, उसे ऊँची आवाज में पढ़ा जाना चाहिए, ताकि दृष्टिबाधित बच्चे अपने आपको समूह का हिस्सा समझें।
- ऐसी कक्षा में अधिक कार्य छोटे समूहों या वर्गों में किया जाए, जहाँ पर बच्चों को स्पष्ट लक्ष्य के साथ अलग-अलग कार्य दिए जाएँ।
- विद्यालय में स्वास्थ्य सेवाओं और चिकित्सा की सुविधा होनी चाहिए।
- शिक्षा स्रोतों को ब्रेल लिपि में होना चाहिए और दृष्टिबाधित बच्चों को उनके प्रयोग के लिए अधिक समय देना चाहिए।
- सभी बच्चों को अपनी समस्याओं के निदान के लिए शिक्षा को वास्तविक जीवन की समस्याओं से जोड़ना और वाद-विवाद को बढ़ावा देना चाहिए।
- समावेशी शिक्षा के परिवेश में विभिन्न शिक्षा के तरीकों को प्रयोग में लाना चाहिए जैसे कि संकेतवाचक छोटे सामूहिक कार्य, छूना और समझना।
- प्रत्येक अध्यापक को विशेष शिक्षा संबंधित प्रशिक्षण देना चाहिए। किसी भी विद्यालय को समावेशी बनाने के लिए यह अति आवश्यक है।

श्रवण दोष युक्त बच्चों की परेशानियाँ

- सुनने में अक्षमता
- उनमें से कुछ आंशिक रूप से सुन सकते हैं
- श्रवण सहायक यंत्र का प्रयोग
- बोलने व स्पष्ट संप्रेषण में अक्षम
- अस्पष्ट संभाषण
- ऊँचा सुनना तथा धीमी आवाज न सुन सकना
- संप्रेषण हेतु सांकेतिक भाषा का प्रयोग

मानसिक मंदतावाले बच्चों की दिक्कतें

- न्यून औसत बुद्धि के कारण शारीरिक व मानसिक गतिविधियों में शिथिलता
- सामान्य संरचनाओं के पहचानने में अक्षमता
- चित्रकारी, रंगकारी, यहाँ तक कि हस्तलेखन जैसे गत्यात्मक कौशलों के विकास में कठिनाई होना
- किसी प्रकार की गतिविधि पर ध्यान केंद्रित करने में कठिनाई
- अपने आयु वर्ग के खेलकूद में भाग लेने में अक्षम
- छोटे बच्चों के साथ बैठने को प्राथमिकता
- गतिविधियों में संकोच अनुभव करना

गतिशीलन अक्षमतावाले बच्चों की परेशानियाँ

- कोई शारीरिक संवेग या नियंत्रण न होना
- पूरे शरीर पर नियंत्रण का अभाव
- व्यापक निरंतर मांशपेशियों में तनाव व अकड़न
- कक्षा में बैठने हेतु उचित व्यवस्था की आवश्यकता

अधिगम अशक्त बच्चों की विशेषताएँ

अधिगम अशक्त बच्चों की कुछ विशेषताएँ यहाँ दी जा रही हैं।

- अधिगम अशक्त बच्चे बुद्धि की दृष्टि से सामान्य बच्चों के बराबर, उनसे कम या उनसे अधिक बुद्धिवाले हो सकते हैं।

- ऐसे बच्चों को कुछ शब्दों को (जैसे वस्तु और उसकी आईने में आकृति) पहचानने में कठिनाई होती है जैसे—
- पढ़ना (वह b को शायद d पढ़ें)
- लिखना (उन्हें p और q में भ्रम हो सकता है)
- कुछ बच्चे पढ़ने में गलतियाँ करते हैं, जैसे—6 को 9। गिनती करने (उदाहरण के तौर पर उन्हें समझ नहीं आता कि वे गणित के अंकों को सीधा या उलटा कैसे जोड़ें 69 को 96 आदि)
- ऐसे बच्चे साधारणतया अपने कार्य पर ध्यान नहीं दे सकते।
- कुछ बच्चे बिना सोचे-समझे ही प्रतिक्रिया करते हैं व उत्तर देते हैं।
- ऐसे बच्चे जल्दी परेशान भी हो जाते हैं।
- सामान्यत: ऐसे बच्चे किसी एक कार्य पर अधिक समय तक अपना ध्यान केंद्रित नहीं कर सकते।
- इनमें मनोदशा संबंधी उतार-चढ़ाव देखे गए हैं।
- गणित के संकेतों में अंतर करने में कठिनाई महसूस करते हैं। जैसे, >,<,+,X इसी प्रकार के संकेतों में भ्रमित हो जाते हैं।
- कुछ बच्चे किसी समस्या को आगे नहीं ले जा सकते, इनमें हासिलवाले जमा या घटा करनेवाले प्रश्नों में मुश्किल आती है।
- उन्हें ऊपर, नीचे, दाएँ, बाएँ की दिशा समझने में कठिनाई होती है।
- कक्षा में हुई कठिनाइयों के कारण वे निम्न हीन भावना से पीड़ित रहते हैं।

हमें ऐसे किसी भी संकेत को देखकर यह सुनिश्चित करने से पहले कि बच्चा अधिगम अशक्तता से ग्रस्त है, सावधानी बरतने की जरूरत है। ऐसी बहुत सी समस्याएँ बच्चों को तब भी आती हैं, जब वे सीखना शुरू ही करते हैं और उनका विकास हो रहा होता है। किसी बच्चे में यदि काफी समय तक ये कठिनाइयाँ या समस्याएँ महसूस की जाएँ, तब हम कह सकते हैं कि बच्चे की समस्याओं को पहचानने में और उसकी समस्याओं से निपटने में सहायक होगी।

अधिगम अशक्त बच्चों को सम्मिलित करने के लिए कक्षा में अपेक्षित परिवर्तन

सीखने की आवश्यकतावाले बच्चों को सामान्य कक्षा में शामिल करने के लिए कक्षा में कैसे और क्या बदलाव लाया जाना चाहिए? एक अध्यापक के

लिए आवश्यक है कि सीखने की अशक्ततावाले बच्चों को भी सीखने के बराबर अवसर दें। यह जरूरी है कि हम उनकी विशेष आवश्यकताओं को नजरअंदाज न करें और उनकी जरूरतों को यथासंभव पूरा करने की कोशिश करें और उनकी हिम्मत को बढ़ाएँ।

□

मूल्यांकन

पारंपरिक मूल्यांकन	सतत एवं व्यापक मूल्यांकन
➢ साल में एक-दो बार किया जाता है।	➢ वर्ष भर चलता है, अनवरत है।
➢ सभी विद्यार्थियों से अपेक्षा होती है। कि वे तीन महीने या निर्धारित समय में समान रूप से सीख जाएँगे। उनकी व्यक्तिगत सीखने की गति और शैली की उपेक्षा की जाती है।	➢ बच्चों की व्यक्तिगत भिन्नताओं का सम्मान किया जाता है। उन्हें अपनी ही गति से सीखने के अवसर दिए जाते हैं।
➢ शिक्षकों पर निर्धारित समय में पाठ्यक्रम पूरा करने का दबाव रहता है।	➢ शिक्षकों को अपनी शिक्षण विधियों को बच्चों की रुचि और क्षमताओं के अनुरूप ढालने की स्वतंत्रता प्राप्त होती है।
➢ बच्चों की रटने की क्षमता पर आधारित है।	➢ बच्चों की समझ, व्यवहार और समग्र दृष्टिकोण का मूल्यांकन किया जाता है।
➢ सीमित है। किताबी ज्ञान को अत्यधिक महत्त्व दिया जाता है।	➢ व्यापक है। किताबी ज्ञान की बजाय व्यवहारगत परिवर्तनों और अपना स्वयं का ज्ञान सृजन करने पर बल दिया जाता है।
➢ नीरस, औपचारिक और कृत्रिम होता है।	➢ अनौपचारिक विविधतापूर्ण और दैनिक जीवन में घुला-मिला होता है।
➢ बच्चों की कमजोरियों को अत्यधिक महत्त्व दिया जाता है।	➢ बच्चों की दक्षताओं पर ध्यान केंद्रित किया जाता है। कमजोरियों का पता

	लगाकर उनको दूर करने के उपाय किए जाते हैं।
➢ विद्यार्थियों की पढ़ने की सफलता की जाँच की जाती है।	➢ केवल विद्यार्थियों की ही नहीं, बल्कि शिक्षक के शिक्षण की सफलता और शिक्षण व्यवस्था की समग्र रूप से सफलता का पता लगाया जाता है।
➢ बच्चों को वर्ष भर की सामग्री याद रखनी पड़ती है। इससे उन पर बोझ/दबाव बढ़ता है।	➢ सबकुछ याद करने की आवश्यकता नहीं पड़ती। अत: समझने के अवसर मिलते हैं। इससे तनाव में कमी आती है।
➢ एक-एक अंक से बच्चों को श्रेणियों में बाँट दिया जाता है। प्रतिस्पर्धा और निराशा का जन्म होता है। दूसरी ओर, श्रेणियों का निर्धारण भी सटीक नहीं होता। एक अंक से बच्चे की श्रेणी बदल सकती है।	➢ अंकों से अधिक ग्रेड पर बल दिया जाता है। अनावश्यक तनाव और ईर्ष्या का कोई सीन नहीं रहता। ग्रेड द्वारा उनकी क्षमताओं का अधिक सटीकता से अंकन संभव हो पाता है।
➢ परीक्षा का उद्देश्य उत्तीर्ण/अनुत्तीर्ण तक सीमित हो जाता है। एक अंक के कारण बच्चे की साल भर की मेहनत व्यर्थ चली जाती है।	➢ इसका उद्देश्य बच्चों की क्षमताओं की पहचान करना ही नहीं, उनका विकास करना भी है। बच्चों की प्रगति का साल भर का आकलन होता है और उसे अपना प्रदर्शन सुधारने के अनेक अवसर मिलते हैं।
➢ शिक्षण-अधिगम प्रक्रिया में मूल्यांकन परीक्षा के रूप में बाहर से सम्मिलित किया जाता है।	➢ शिक्षण अधिगम प्रक्रिया का अभिन्न अंग है।
➢ सीमित परीक्षाओं द्वारा किया जाता है।	➢ अनेक गतिविधियों द्वारा किया जाता है जैसे अवलोकन, योजना, परीक्षा आदि।

□

गुणवत्तापूर्ण शिक्षा के लिए विद्यालय स्तर पर कुछ महत्त्वपूर्ण सूचक (Indicators)

1. विद्यालय समय से शुरू एवं बंद।
2. समय से चेतना सत्र (Morning Assembly) का आयोजन।
3. हर एक बच्चा एवं शिक्षक विद्यालय के समय विद्यालय में उपस्थित।
4. हर एक बच्चा एवं हर एक शिक्षक सीखने-सिखाने की प्रक्रिया में तल्लीन।
5. शिक्षकों को बच्चों के शैक्षिक स्तर की जानकारी एवं उसका संधारण।
6. सतत एवं व्यापक मूल्यांकन।
7. कक्षा एक के लिए विशिष्ट रूप से निर्धारित पूर्णकालिक शिक्षक।
8. विद्यालय के सभी वर्गकक्षों में श्यामपट्ट का पूर्ण उपयोग।
9. सभी कक्षाओं में दैनिक शिक्षण-तालिका की उपलब्धता तथा उपयोग।
10. अंतिम घंटी में खेलकूद, कला तथा सांस्कृतिक गतिविधियाँ।
11. विद्यालयों में उपलब्ध कराई गईं कहानी की किताबों, खेल-सामग्री, आदि का उपयोग।
12. मेनू के अनुसार मध्याह्न भोजन का दैनिक वितरण।
13. सक्रिय बाल संसद् तथा मीना मंच।
14. साफ-सुथरे बच्चे तथा साफ-सुथरा विद्यालय।
15. उपलब्ध पेयजल व्यवस्था एवं शौचालयों का उपयोग।

16. विद्यालय परिसर में बागवानी।
17. विद्यालयों में उपलब्ध कराए गए अनुदानों का उपयोग।
18. सभी बच्चों के पास अपनी कक्षा की पाठ्य-पुस्तकें उपलब्ध।
19. विद्यालय शिक्षा समिति की बैठक में शिक्षा की गुणवत्ता पर नियमित चर्चा।
20. विद्यालय में साप्ताहिक कक्षावार शिक्षक अभिभावक की नियमित बैठक।

□

विद्यालय तथा उसके प्रमुख भागीदारों के कार्य एवं दायित्व

विद्यालय का वातावरण बच्चों के सीखने में एक महत्त्वपूर्ण भूमिका अदा करता है। साफ एवं स्वच्छ वातावरण तथा भय-रहित विद्यालय परिसर बच्चों को सीखने के लिए प्रेरित करता है। विद्यालय का वातावरण बच्चों के अनुरूप हो, इसके लिए विद्यालय प्रबंधन में बच्चों की भागीदारी बढ़ानी होगी।

इस समूचे अभियान के केंद्र में 'बच्चे' हैं, इसलिए राज्य के प्रत्येक विद्यालय को, अर्थात् इसकी प्रबंधन समिति के सदस्यों, अभिभावकों, शिक्षकों एवं प्रधानाध्यापकों को कुछ बातें निश्चित कर लेनी होंगी तथा उनसे कोई समझौता नहीं करना होगा। इसके लिए सभी स्तर पर कार्य एवं दायित्व निर्धारित किए गए हैं।

विद्यालय के कार्य एवं दायित्व

1. प्रत्येक विद्यालय समय से खुले व बंद हो।
2. पूर्वाह्न में 30 मिनट का चेतना सत्र हो।
3. समय-सारणी बनी हो, जिसे विद्यालय के प्रत्येक वर्गकक्ष की दीवार/बोर्ड पर देखा जा सके।
4. प्रतिदिन उपस्थित व अनुपस्थित बच्चों की सूचना-पट्ट पर बनी तालिका पर अद्यतन सूचना दर्ज होती हो।
5. कक्षाओं में उपयोगी श्यामपट्ट हों।
6. मध्याह्न भोजन की आपूर्ति/तैयारी मानक के अनुरूप हो।
7. बाल संसद् का गठन हो।
8. मध्य विद्यालयों में मीना मंच का गठन हो।

9. कक्षा 1 के लिए एक विशेष शिक्षक नामित हो तथा कक्षा 2 से 4 में भाषा एवं गणित को पढ़ानेवाले शिक्षक भी नामित हों।
10. प्रत्येक बच्चे के लिए पाठ्य-पुस्तकें, कहानी की किताबें, खेल-सामग्री, आदि उपलब्ध हों।
11. खेल, कला-संस्कृति के विकास को दिन-प्रतिदिन के कार्यक्रम का हिस्सा बनाया गया हो।
12. आधारभूत संरचना व्यवस्थित हो। उदाहरण के लिए साफ एवं स्वच्छ पेयजल तथा शौचालय हो, विद्यालय के सभी वर्ग-कक्षों का उपयोग पठन-पाठन कार्य में हो रहा हो, इत्यादि।
13. अभिभावकों को बच्चों की प्रगति से अवगत कराया जाता हो।

शिक्षक के कार्य एवं दायित्व

1. शिक्षक अनुपस्थित न रहें।
2. शिक्षक अपने वर्ग की सभी पाठ्य-पुस्तकों को पढ़ लें।
3. शिक्षक वर्ग 1 से 8 तक के शैक्षिक उपलब्धि स्तर को वर्गवार बेहतर रूप से जानें।
4. शिक्षक कक्षाओं में पढ़ाते समय शिक्षण-अधिगम सामग्री (टी.एल.एम.) का उपयोग करें।
5. प्रत्येक बच्चे के शैक्षिक उपलब्धि स्तर की जानकारी रखें।
6. शिक्षक अभिभावकों की वर्गवार साप्ताहिक बैठककर उन्हें बच्चों की प्रगति से अवगत कराएँ।
7. बच्चों के उपलब्धि-स्तर में हो रही प्रगति संबंधी अद्यतन रिपोर्ट रजिस्टर/रिपोर्ट कार्ड में दर्ज करें एवं उसे अभिभावकों के बीच प्रदर्शित करें।
8. शिक्षक रुचि लेकर बच्चों को सिखाते-पढ़ाते हुए प्रतिदिन अगले दिन की योजना बनाएँ।
9. बच्चों की कक्षा में नियमित उपस्थिति सुनिश्चित करना।

प्रधानाध्यापक के कार्य एवं दायित्व

विद्यालय प्रबंधन में प्रधानाध्यापक की भूमिका महत्त्वपूर्ण है। प्राथमिक विद्यालयों में प्रधानाध्यापक नहीं होते। वरिष्ठ शिक्षक ही प्रधान शिक्षक के दायित्व का निर्वहन करते हैं। इस कार्यक्रम में प्रधानाध्यापक/प्रधान शिक्षक को विद्यालय

के संचालन, पठन-पाठन के लिए योजना बनानी होगी। प्रधानाध्यापक के निम्न कार्य होंगे—

1. शिक्षकों की ससमय उपस्थिति सुनिश्चित करवाना।
2. शिक्षकों के साथ मिलकर बच्चों के उपलब्धि स्तर को बढ़ाने के लिए कार्य-योजना बनवाना एवं इसे लागू कराना।
3. शिक्षकों के साथ मिलकर बच्चों के स्तर को जानना एवं लक्ष्य निर्धारित करने में सहयोग देना।
4. कक्षा 1 के लिए एक विशेष शिक्षक नामित हो, जो भाषा एवं गणित को पढ़ाए तथा बाकी शिक्षक सह-शैक्षिक क्रियाकलाप कराएँ।
5. प्रधानाध्यापक भी एक शिक्षक की तरह कक्षा में जाकर पढ़ाए।
6. नियमित रूप से शिक्षक-अभिभावक बैठक करना तथा बच्चों की उपलब्धि के बारे में चर्चाकर उनसे सहयोग लेना।
7. शिक्षकों को पढ़ाने में आनेवाली कठिनाई का समाधान खोजने में सहयोग करना।
8. ससमय शिक्षकों की बैठककर कार्ययोजना की समीक्षा करना।
9. विद्यालय में शिक्षकों की नियमित उपस्थिति को सुनिश्चित करना।

अभिभावक के कार्य एवं दायित्व

1. विद्यालय जाकर प्रधानाध्यापक/शिक्षक से मिलकर अपने बच्चों के सीखने के संबंध में जानकारियाँ प्राप्त करना।
2. शिक्षक-अभिभावक बैठक में उपस्थित रहकर बच्चों की उपलब्धि के बारे में चर्चाकर विद्यालय को सहयोग देना।
3. घर/मोहल्ले/कस्बे/टोले में, विद्यालय में हो रहे अभियान पर चर्चा करते हुए सकारात्मक वातावरण का निर्माण करना।

विद्यालय शिक्षा समिति (VSS/SMC) के कार्य एवं दायित्व

शिक्षा के अधिकार अधिनियम के अंतर्गत प्रत्येक विद्यालय में शिक्षा समिति का गठन किया जाना है। अधिनियम में इस समिति के कार्य-दायित्व पर काफी चर्चा है। अपने निर्धारित दायित्वों के साथ प्रस्तावित अभियान में समिति की भूमिका निम्नवत् हो सकती है—

1. अभिभावकों को बच्चों को नियमित विद्यालय भेजने के लिए जागरूक करना।
2. समिति की बैठक में बालसंसद्/मीनामंच के सदस्यों को आमंत्रित करना तथा उनकी बातों पर गौर करना।
3. विद्यालय विकास अनुदान एवं विभिन्न प्रकार के अनुदानों का बच्चों के हित में विवेकपूर्ण व्यय करना।
4. अभिवंचित वर्ग के बच्चों की प्रगति एवं उनकी समुचित भागीदारी सुनिश्चित करना।
5. संकुल समन्वयक के भ्रमण के दौरान पठन-पाठन की समस्याओं से समन्वयक को अवगत कराना।

संकुल समन्वयक के कार्य एवं दायित्व

1. अकादमिक सहयोग हेतु प्रत्येक विद्यालय का माह में दो बार भ्रमण करना।
2. शिक्षकों को बच्चों का सतत् एवं व्यापक मूल्यांकन करने एवं उनकी शैक्षिक उपलब्धि स्तर का पता लगाने में सहयोग करना।
3. बच्चों की उपलब्धियों की जाँच करना।
4. भ्रमण के दौरान बच्चों के सीखने के स्तर से संबंधित रजिस्टर का अवलोकन कर उन्हें आवश्यक अकादमिक सहयोग देना।
5. संकुल के एक दिवसीय प्रशिक्षण के पूर्व शिक्षकों की आवश्यकता का ध्यान रखते हुए एजेंडा बनाना, जिससे प्रशिक्षण के दौरान शिक्षकों की कक्षा-संचालन में होनेवाली कठिनाई का समाधान हो सके। यह भी सुनिश्चित करना कि शिक्षक आपस में अपने अनुभव, कठिनाई, समाधान पर बातचीत करें, जिससे संकुल संसाधन केंद्र पर अकादमिक माहौल बन सके।
6. सभी शिक्षकों का सतत् व्यापक मूल्यांकन/शिक्षण सहयोग संदर्शिका के उपयोग पर उन्मुखीकरण करना।
7. शिक्षकों के साथ बैठककर अध्यापन में आनेवाले उन अवरोधों, जिन्हें वे हल नहीं कर पा रहे हों, पर चर्चा करना।
8. अगर शिक्षक की अकादमिक समस्याएँ हल नहीं होती हैं तो उसे प्रखंड संसाधन केंद्र के माध्यम से डायट तक चर्चाकर समाधान खोजना।

9. विद्यालय-प्रधानाध्यापक से मिलकर पुस्तकालय की किताबें, खेल-कूद की सामग्री, उपलब्ध सामग्री का उपयोग सुनिश्चित करना।
10. विद्यालय भ्रमण के दौरान अभिभावक-शिक्षक गोष्ठी का अवलोकनकर कम-से-कम एक या दो अभिभावक से अवश्य मिलना।
11. अनुश्रवण के आवश्यक प्रपत्रों में रिपोर्ट प्रखंड समन्वयक को हर माह में देना।
12. प्रधानाध्यापकों का विद्यालय प्रबंधन की ओर उन्मुखीकरण करना।
13. पंचायत के प्रतिनिधि/मुखिया/वार्ड सदस्यों को गुणवत्ता बढ़ाने एवं अन्य कार्यक्रम को विस्तार से बताना।
14. शिक्षा विभाग/परियोजना के द्वारा उपलब्ध कराए गए निर्धारित सूचकों पर वर्गीकरण करना तथा इस अभिलेख को अद्यतन रखना।
15. विद्यालय से जुड़े सभी तरह के आँकड़ों की जानकारी रखना।

प्रखंड समन्वयकों के कार्य एवं दायित्व

1. प्रखंड के सभी विद्यालयों का किसी-न-किसी प्रखंड संसाधन केंद्र के साधनसेवी के द्वारा तीन माह में कम-से-कम एक बार भ्रमण को सुनिश्चित कराना।
2. बी.आर.पी. द्वारा अकादमिक सहयोग देने के लिए नियमित रूप से और माँग पर विद्यालय का भ्रमण करना एवं शिक्षकों को सीखने-सिखाने में सहयोग करना।
3. विद्यालय एवं डायट/एस.सी.ई.आर.टी. के बीच अकादमिक कड़ी के रूप में कार्य करना।
4. अपने साधनसेवियों को विद्यालयों, संकुलों के अनुश्रवण का दायित्व देना।
5. प्रखंड स्तर पर शिक्षाविदों, पंचायत प्रतिनिधियों, समुदायों को मिलाकर एक प्रखंड स्तरीय साधन समूह का गठन करना, जो समय-समय पर विद्यालयों का भ्रमण करे तथा कार्यक्रम की प्रगति का अवलोकन करे और जरूरत अनुसार सहयोग दे।
6. विद्यालय भ्रमण के आधार पर शिक्षक एवं संकुल समन्वयक की जरूरत अनुसार उन्मुखीकरण की योजना बनाना तथा डायट से संपर्क कर उन्मुखीकरण करना।

7. संकुल संसाधन केंद्र समन्वयक का उन्मुखीकरण करना।
8. प्रत्येक माह विद्यालय का भ्रमणकर शिक्षकों को वर्गकक्ष में आवश्यक अनुसमर्थन देना, योजना बनाना।
9. साधन-सेवी से भ्रमण प्रतिवेदन प्राप्तकर बी.आई.सी. में समेकित करवाना।
10. नियमित अंतराल पर कार्यक्रम की प्रगति का प्रतिवेदन जिले को निर्धारित प्रपत्र में सौंपना।
11. समुदाय/पंचायत प्रतिनिधि को अभियान की पूरी जानकारी देना और उनका उन्मुखीकरण करना।
12. प्रत्येक माह में प्रत्येक बी.आर.पी. द्वारा कम-से-कम 10 विद्यालयों का भ्रमण अनिवार्य रूप से किया जाना।
13. संकुल का बिहार शैक्षणिक गुणवत्ता मिशन के द्वारा उपलब्ध कराए गए निर्धारित सूचकों पर वर्गीकरण करना तथा उसकी अद्यतन जानकारी रखना।

□

मिशन मानव विकास

भारत की आधी से ज्यादा आबादी नई पीढ़ी-युवा पीढ़ी है। मानव विकास से ही देश का युवा वर्ग और बच्चे अपनी पूरी क्षमता का विकास कर सकेंगे। शिक्षा, स्वास्थ्य, पोषण, स्वच्छता, शुद्ध पेयजल, सामाजिक न्याय, महिला सशक्तीकरण, महादलित, अति पिछड़ा, अल्पसंख्यक वर्ग के लिए विशेष पहल से ही मिशन मानव विकास सफल होगा। देश को आगे बढ़ाने में मिशन मानव विकास को एक जनांदोलन बनाने की आवश्यकता है। इस जनांदोलन के केंद्र में हमारे विद्यालय होंगे। समय-समय पर सामाजिक उत्सव का आयोजन कर विद्यालय और समुदाय को नजदीक लाने के प्रयास किए जाएँगे। हमारे विद्यालय सामाजिक परिवर्तन का केंद्र बनेंगे और हमारे बच्चे परिवर्तन के सिपाही के रूप में समाज को और प्रगतिशील बनाने का काम करेंगे। सामाजिक कुरीतियों (दहेज, कम उम्र में शादी, लिंग परीक्षण, तंबाकू तथा मदिरापान, बेईमानी, इत्यादि) के विरुद्ध बच्चे सशक्त जन अभियान के नायक हो सकते हैं। विद्यालय को ज्ञान, कौशल और जीवन की शिक्षा के साथ-साथ सामाजिक परिवर्तन का केंद्र बनाकर ही मिशन मानव विकास सफल होगा।

मिशन मानव विकास में निम्नलिखित संवाद घर-घर तक पहुँचाना बहुत आवश्यक है—

1. सभी बच्चे नियमित रूप से विद्यालय में जीवन की शिक्षा हासिल करें।
2. लड़कियों की शादी 18 वर्ष से कम उम्र में नहीं की जाए तथा किशोरी बालिकाओं में विशेष रूप से खून की कमी दूर की जाए।
3. नई पीढ़ी स्वास्थ्य गारंटी कार्यक्रम के अधीन 0-14 वर्ष के सभी बालक तथा 0-18 वर्ष की सभी बालिकाओं का नियमित वार्षिक स्वास्थ्य परीक्षण एवं उपचार सुनिश्चित किया जाए।

4. बीमारी को दूर रखने के लिए हर गाँव/टोला मोहल्ला-बस्ती में स्वच्छता अभियान चलाया जाए, कूड़ा और गंदगी दूर भगाई जाए तथा खुले में शौच की जगह घर-घर उपयोगी शौचालय निर्माण हो।
5. स्वच्छ पेयजल और स्वच्छता से ही बीमारियों पर काबू पाया जा सकता है।
6. सभी नवजात शिशुओं के जन्म लेते माँ का दूध दिया जाए तथा छह महीने तक केवल माँ का दूध ही दिया जाए। इससे कुपोषण में कमी आएगी।
7. गाँव-गाँव और बस्ती-बस्ती में बच्चों की बीमारियों का उपचार सरलता से और ससमय उपलब्ध हो, ताकि एक स्वस्थ बच्चा उपचार के अभाव में कुपोषण का शिकार न हो।
8, आँगनबाड़ी केंद्रों के माध्यम से विशेष रूप से 0-3 वर्ष के बच्चों का नियमित वजन, ऊँचाई, इत्यादि लेने की व्यवस्था हो, ताकि कुपोषण होते ही उपचार निकटवर्ती स्वास्थ्य केंद्र/उपकेंद्र पर संभव हो।
9. विशेष रूप से महादलित, अल्पसंख्यक तथा अतिपिछड़ा वर्ग की महिलाओं के लिए साक्षरता कार्यक्रम विद्यालय परिसर में संचालित हो, ताकि शिक्षित माताओं के माध्यम से बच्चों के शिक्षण एवं कौशल विकास में भी सुधार हो।
10. तंबाकू तथा मदिरा के सेवन से स्वास्थ्य खराब होता है। बच्चों के माध्यम से घर-घर सर्वेक्षण कराकर तंबाकू-सेवन और मदिरापान में कमी लाई जाए।
11. स्वच्छ वातावरण बनाए रखने के लिए पौधा लगाने तथा पर्यावरण संतुलन बनाए रखने के लिए बच्चों के माध्यम से सामाजिक संवाद घर-घर तक पहुँचाएँ।
12. बच्चों के नियमित खेल-कूद, योग, ध्यान जैसी क्रियाओं को प्रोत्साहित किया जाए।
13. विशेष रूप से बालिकाओं को उच्च माध्यमिक विद्यालयों में पढ़ने के लिए प्रोत्साहित किया जाए तथा हर ग्राम पंचायत में ऐसे शिक्षण की व्यवस्था हो।
14. हुनर और कौशल विकास के साथ-साथ महिला बचत समूहों के माध्यम से विकास हो।
15. सकारात्मक सोच, श्रम का सम्मान और जीवन में अनुशासन तथा

भौतिक मूल्यों की स्थापना के लिए प्रोत्साहित करें। विद्यालय को मिशन मानव विकास का केंद्र-बिंदु बनाने के उद्‌देश्य से प्रत्येक विद्यालय में मिशन मानव विकास कॉर्नर स्थापित हों। बच्चों द्वारा मानव विकास की प्राथमिकताओं को दरशाने हेतु सभी माध्यमों का उपयोगकर (पोस्टर, चित्र, मॉडल निर्माण इत्यादि) एक आकर्षक मिशन मानव विकास कॉर्नर प्रत्येक विद्यालय में स्थापित हो। सामाजिक उत्सव के क्रम में माँ-बाप-अभिभावक को बच्चे उक्त कॉर्नर में घुमाकर मानव विकास के महत्त्व को समझाएँ। उक्त कॉर्नर में संबंधित विभागों के पोस्टर इत्यादि भी लगाए जाएँ, ताकि घर-घर तक मिशन मानव विकास का संवाद पहुँच जाए। अंतर विद्यालय प्रतियोगिता कर श्रेष्ठ मिशन मानव विकास कॉर्नर को पुरस्कृत करने की व्यवस्था भी की जाए।

□

शिक्षा संबंधी कुछ प्रेरक प्रसंग

सच का स्वर

बांकेई महान् जेन गुरु थे। वे गुजर गए, तो हजारों शिष्य इकट्‌ठे हुए। उनमें एक अंधा भी था, जो बार-बार कहने लगा कि बांकेई सचमुच बहुत महान् आदमी था। किसी ने उससे पूछा कि तुम इतने अधिकार से यह कैसे कह सकते हो? अंधे ने कहा, ''मैं कोई ज्ञानी नहीं हूँ, मैं देख नहीं सकता। लेकिन मुझे लोगों की वह आवाज गहराई से सुनाई देती है, जो शायद आँखवाले नहीं सुन सकते। मेरे लिए उसकी आवाज ही एकमात्र माध्यम है, जिससे मैं दूसरे की पहचान कर सकता हूँ। जब मैं किसी को किसी का अभिनंदन करते हुए सुनता हूँ, तो उस आवाज में ईर्ष्या का छिपा हुआ स्वर भी सुनता हूँ। किसी के साथ दुर्घटना हुई और लोग जब उसे सांत्वना देते हैं, तो मैं खुशी और संतुष्टि का स्वर सुन लेता हूँ, लेकिन इतने साल बीते, बांकेई की आवाज में हमेशा सच्चाई का ही स्वर सुना। जब उसने खुशी जाहिर की, तब उसमें खुशी के अलावा और कुछ नहीं था और जब उसने दुःख जाहिर किया, तब उसमें दुःख के सिवाय और कुछ नहीं था।''

यह हम सबकी कहानी है। थोड़ी सी ईमानदारी से खुद के भावों को देखें-परखें, तो आपको भी दिखाई देगा कि आप जो कहते हैं, वही अनुभव नहीं करते। हमारा मन बड़ा ईर्ष्यालु है। दुर्भाग्य से, हमारी शिक्षा और हमारा पारिवारिक माहौल इसे सींचता है और विकसित करता है। बचपन से ही वह सिखाया नहीं जाता कि दूसरे की खुशी में खुश कैसे हुआ जाए। मानो जिंदगी एक प्रतिद्वंद्विता है, जहाँ एक की सफलता दूसरों की विफलता पर ही टिकी है। मनुष्य दोहरा हो गया है, उसके दो चेहरे हैं। दिखाने का एक चेहरा और असली दूसरा।

तनाव क्या है? इन दो हिस्सों के बीच खींचतानी। अपने आपसे द्वंद्व दिमाग रुग्ण कर देता है। इससे हर मनुष्य अकेला महसूस करता है, क्योंकि वह किसी के करीब नहीं जा सकता।

सभ्यता और सज्जनता की कसौटी

काषाय वस्त्रधारी स्वामी विवेकानंद अमेरिका के शिकागो नगर में सड़क पर जा रहे थे। उनका यह वेश अमेरिकावासियों के लिए कौतूहल की वस्तु था। पीछे आ रही एक अमेरिकन महिला ने अपने साथी पुरुष से कहा, ''जरा इन महाशय की इस अजब पोशाक को तो देखो!''

स्वामीजी ने वह व्यंग्य सुना। वे जरा रुके और मुड़कर उस महिला से बोले, ''देवी, आपके देश में दरजी सभ्यता के उत्पादक और कपड़े सज्जनता की कसौटी माने जाते हैं, पर जिस देश से मैं आया हूँ, वहाँ कपड़ों से नहीं, मनुष्य के चरित्र से उसकी पहचान की जाती है।''

यह सुनकर वह महिला बड़ी ही लज्जित हुई।

रेखाओं से शिक्षा

स्वामी रामतीर्थ जब प्राध्यापक थे, तब उन्होंने एक दिन अपने छात्रों के सामने काले तख्ते पर खड़िया से एक रेखा खींचकर कहा, ''इसे बिना मिटाए छोटी करके दिखाओ।'' एक कुशाग्रबुद्धि बालक ने उसी रेखा के समीप एक दूसरी बड़ी रेखा खींच दी और पहले खिंची हुई रेखा को बिना मिटाए ही छोटा करके दिखा दिया।

इस पर रामतीर्थ बड़े ही प्रसन्न हुए और उन्होंने कहा, ''छात्रो, यही क्रम तुम्हें अपने जीवन में अपनाना है। यदि तुम बड़े बनना चाहते हो, तो इसके लिए अपने आसपास के लोगों को पीछे ढकेलने की जरूरत नहीं है। तुम बड़े काम करो और बड़े बनो। तब दूसरे तुमसे छोटे दिखाई देने लगेंगे।''

स्वेद-कणों का प्रभाव

भगवान् राम जब शबरी से मिलने के लिए गए, तो उन्होंने देखा कि वहाँ के सारे फूल खिले हुए हैं, उनमें से एक भी कुम्हलाया नहीं है तथा प्रत्येक से मधुर भीनी-भीनी सुगंध निकल रही है। उन्होंने जिज्ञासावश शबरी से इनका कारण पूछा, तो वह बोली, ''भगवान्, इसके पीछे एक घटना है। यहाँ बहुत समय पूर्व मातंग ऋषि का आश्रम था, जहाँ बहुत से ऋषि-मुनि और विद्यार्थी रहा करते थे। एक बार चातुर्मास के समय आश्रम में ईंधन समाप्त-प्राय था। वर्षा प्रारंभ होने के पूर्व ईधन लाना जरूरी था। प्रमादवश विद्यार्थी लकड़ी लाने नहीं जा रहे थे। तब एक दिन स्वयं वृद्ध मातंग ऋषि अपने कंधे पर कुल्हाड़ी रखकर लकड़ियाँ काटने चल

दिए। गुरु को जाते देख विद्यार्थी भी उनके पीछे चले। सूखी-सूखी लकड़ियाँ काटी गईं और उन्हें बाँध-बाँधकर वे लोग आश्रम की ओर लौटने लगे। हे राम! वृद्ध आचार्य के शरीर से श्रमबिंदु निकलने लगे थे। विद्यार्थी भी पसीने से तर-बतर हो गए थे। तब जहाँ-जहाँ वे श्रमबिंदु गिरे थे, वहाँ-वहाँ सुंदर फूल खिल उठे, जो बढ़ते-बढ़ते आज सारे वन में फैल गए हैं। यह उनका पुण्य प्रभाव ही है कि वे ज यों के त्यों बने हुए हैं, कुम्हला नहीं रहे हैं।" तात्पर्य यह कि भली प्रकार से किए गए कार्य मधुर सुगंध देते हैं और मिट्टी पर ही खिलते हैं। श्रमजीवी के शरीर से निकलनेवाला पसीना ही संसार का पोषण करता है और जीवन जीने की अनुकूल स्थिति पैदा करता है।

नम्रता का परिणाम

एक बार चीनी संत चांग-चुआंग बीमार पड़े, तब उन्हें देखने लाआत्से गए। लाओत्से ने उन्हें कुछ उपदेश देने की विनती की। चांग-चुआंग ने पूछा, "जब कोई अपने पुराने गाँव जाता है, तो गाँव की सीमा पर पहुँचते ही अपनी गाड़ी से क्यों उतर जाता है?" लाओत्से ने जवाब दिया, "इस प्रथा का यह तात्पर्य है कि मनुष्य को अपना उद्गम न भूल जाना चाहिए।"

फिर चांग ने अपना मुँह खोलते हुए पूछा, "क्या मेरे मुख में दाँत हैं?" "नहीं तो!" लाओत्से ने जवाब दिया। "और जीभ?" चांग का अगला प्रश्न था। "वह तो है" लाओत्से बोले। "ऐसा क्यों है, क्या कारण बता सकते हो?" चांग का अगला प्रश्न था। "महोदय, मेरा विचार है कि नम्र होने से जीभ कायम है, जबकि दाँत कड़े होने के कारण विनाश को प्राप्त हुए हैं।"

"तुमने ठीक जवाब दिया है। मनुष्य के विनम्र रहने में भलाई है। मुझे विश्वास है कि तुमने जगत् के सभी सिद्धांतों को समझ लिया है और तुम्हें उपदेश देने की कोई आवश्यकता नहीं।" चांग ने संतोष भरे शब्दों में कहा।

संकल्प

शिष्य ने पूछा, "गुरुदेव! पत्थर पर किसका शासन है?" गुरु ने कहा, "लोहे का।" शिष्य ने पुनः पूछा, "और लोहे पर?" गुरु ने कहा, "अग्नि का।" शिष्य का अगला सवाल था, "और अग्नि पर किसका शासन?" जवाब मिला, "वायु का।" शिष्य ने फिर पूछा, "वायु पर भी किसी का शासन होगा?" गुरु ने

कहा, "हाँ, क्यों नहीं, वायु पर संकल्प का शासन है। मनुष्य की संकल्प शक्ति के समक्ष वायु भी बौनी पड़ जाती है। हम संकल्प लें, अपने आप से प्यार करेंगे, अपने विद्यालय से प्यार करेंगे और सभी बच्चों से प्यार करेंगे। उन्हें आगे बढ़ने का अवसर प्रदान करेंगे।"

जोखिम

एक किसान खेत में बीज बो रहा है। निश्चित ही वह खतरा मोल ले रहा है। बरसात न हो तो उसकी मूल रकम भी जानेवाली है। किसी ने उससे पूछा, "आप जोखिम क्यों लेते हैं, आप सुरक्षित खेल खेलकर इसे बेच क्यों नहीं देते?" किसान ने कहा, "जो लोग कभी जोखिम नहीं उठाते, वे कभी आगे नहीं बढ़ पाते।"

काम

कोई काम छोटा-बड़ा नहीं होता, बल्कि करनेवाला उसे छोटा-बड़ा बनाता है। हर काम महत्त्वपूर्ण है, इस मानसिकता से पूरे मनोयोग और समर्पित भाव से कार्य करिए। आधे-अधूरे मन से किया गया कोई भी कार्य अपूर्ण तो रहता ही है, तनाव भी बढ़ाता है और यह भी याद रखिए कि कोई भी कार्य कठिन नहीं, बस उसकी शुरुआत कठिन है।

बच्चों के बीच

लंबी थकान के बाद खुद को ऊर्जावान बनाना एक कला है। हम अकसर लंबी थकान के बाद खाली बैठने को तवज्जो देते हैं और मान बैठते हैं कि ऐसे में हमारी रिचार्जिंग हो जाएगी। इससे शरीर तो राहत पा सकता है, लेकिन मस्तिष्क नहीं। टेनिस के धुरंधर खिलाड़ी नोवान जोकोविच इस सच्चाई को समझते हैं। छह ऑस्ट्रेलियाई ओपन सहित कई ग्रैंड स्लैम जीत चुके दुनिया के इस नंबर वन खिलाड़ी को खाली बैठना पसंद नहीं। वह बच्चों के साथ समय बिताते हैं। बच्चे भी ऐसे, जिन्होंने ठीक से चलना नहीं सीखा हो। वह कहते हैं कि ये बच्चे मुझे तनाव रहित रहने में मदद करते हैं। इनसे मुझे ऊर्जा भी मिलती है, जो थकान से राहत देती है।

खैर यह उनका तरीका है। हमारा तरीका अलग भी हो सकता है। दरअसल, कोई भी स्वस्थ आदमी तनावग्रस्त नहीं होता। वह हमेशा ऊर्जावान होता है। मानसिक स्तर पर हम बीमार तब होते हैं, जब दिमाग को राहत नहीं मिलती। राहत पाने के

कई तरीके हैं। बच्चे चूँकि प्रकृति के ज्यादा करीब होते हैं, इसलिए उनका सान्निध्य हमें ज्यादा प्रकृतिनिष्ठ होना सिखाती है। पंचतंत्र के रचयिता आचार्य विष्णु शर्मा भी ऐसा सान्निध्य चाहने वालों में थे। उन्होंने लिखना भी उनके बीच ही सीखा। उनके साथ खेलते हुए, उनके हाव-भाव को कुशलता से समझते हुए उन्होंने उसे पन्नों पर उतारा। ऐसा नहीं है कि हमारे पास ऐसा समय बिताने की फुरसत नहीं होती। हाँ, इसे हम बहुत जरूरी नहीं मानते हैं।

पूर्व राष्ट्रपति अब्दुल कलाम व्यस्तताओं के बीच भी बच्चों का साथ कभी नहीं भूलते थे। वह उनमें अपना अतीत देखते थे। देश का भविष्य देखते थे। उनकी जीवंतता खुद में भरते थे। उन्होंने मान लिया था कि बिना इनका साथ लिए कुछ गढ़ा ही नहीं जा सकता। आखिर उन्होंने जैसा चाहा, वैसा ही जिया। हम भी ऐसी कोशिश कर सकते हैं।

□

कुछ बाल केंद्रित कविताएँ

1. आपके बच्चे

—खलील जिब्रान (लेबनान के कवि, लेखक)

आपके बच्चे
सिर्फ आपके बच्चे नहीं।

जिंदगी ने खुद ही को चाहा है
खुद इंतजार करती बैठी है—
वे बच्चे उसी कामना
उसी इंतजार की ही संतानें हैं।

आपके जरिए वे इस धरती पर
आए जरूर हैं
पर आपके अंग नहीं हैं वे
सच है कि आपके साथ वे एकत्र हैं, सगोत्र हैं;
पर पूरे-के-पूरे आपके नहीं।

आप उन्हें प्यार दे सकते हैं
पर उनके विचारों को
नियंत्रित नहीं कर सकते
उनके रक्त-मांस के शरीर को

पाल-पोसकर इत्ते से इत्ता बना सकते हैं
पर उनकी आत्मा को बाँध नहीं सकते।

क्योंकि उनकी आत्मा का घोंसला तो
आगामी कल में है
और आप तो वहाँ कभी पहुँच नहीं सकते,
यहाँ तक कि सपने में भी नहीं।

इसलिए उन्हें अपने साँचे में
ढालने की कोशिश कभी न करें;
बल्कि चाहें तो कोशिश करें
खुद उनकी तरह बनने की।

जिंदगी पीछे कभी नहीं लौटती
थमी नहीं रहती बीते कल में।

2. एक मुश्किल सवाल

—परवीन शाकिर (पाकिस्तान की कवयित्री)

टाट के परदे के पीछे से
एक बारह-तेरह साला चेहरा झाँका
यह चेहरा
बहार के पहले फूल की तरह ताजा था
और आँखें
पहली मोहब्बत की तरह शफ्फाक
लेकिन उसके हाथ में
तरकारी काटते रहने की लकीरें थीं
और उन लकीरों में
बरतन माँजने की राख जमी थी
उसके हाथ
उसके चेहरे से बीस साल बड़े थे।

3. कोई इसको बचानेवाला है ?

—सरदार जाफरी

माँ है रेशम के कारखाने में
बाप मशरूफ सूती मिल में है
कोख से माँ की जब से निकला है
बच्चा, खोली के काले दिल में है।

जब यहाँ से निकल के जाएगा,
किसी कारखाने के काम आएगा।
अपने मजबूर पेट की खातिर
भूख सरमाए की बढ़ाएगा
हाथ सोने के फूल उगलेंगे
जिस्म चाँदी का धन लुटाएगा।
खिड़कियाँ होंगी बैंक की रोशन
खून इसका दीये जलाएगा।

यह जो नन्हा है, भोला-भाला है
सिर्फ सरमाए का निवाला है
पूछती है यह इसकी खामोशी
कोई इसको बचानेवाला है ?

4. बेटे को

—ऑर्थर कुडनर (डेनमार्क के कवि)

सुनो बेटे
बड़े-बड़े शब्दों से कभी घबराना मत
बहुत बड़ा शब्द
बहुत छोटी सी चीज का नाम होता है।
और जो सचमुच विशाल हैं, बड़े हैं
उनके नाम छोटे-छोटे होते हैं—

जैसे जीवन, मृत्यु, युद्ध, शांति,
आशा, प्रेम, घर, रात, दिन।

छोटे-छोटे शब्दों का कैसे
बड़े रूप में, सुंदर ढंग से
इस्तेमाल करोगे, यह सीख लो
यह है बहुत मुश्किल पर तुम
जो कुछ कहना चाहोगे
बखूबी कह सकोगे।

जब तुम क्या कहना चाहते हो
तुम्हें खुद ही मालूम न हो
तब खूब बड़े-बड़े शब्दों का इस्तेमाल करना
वे शब्द छोटे लोगों को
अकसर बुद्धू बनाते हैं।

5. होम-वर्क

—श्याम बहादुर नम्र

एक बच्ची स्कूल नहीं जाती,
बकरी चराती है।
वह लकड़ियाँ बटोरकर घर लाती है,
फिर माँ के साथ भात पकाती है।

एक बच्ची किताब लादे स्कूल जाती है,
शाम को थकी-माँदी घर आती है।
वह स्कूल से मिला होम-वर्क,
माँ-बाप से करवाती है।

बोझ किताब का हो या लकड़ी का,
दोनों बच्चियाँ ढोती हैं।

लेकिन लकड़ी से चूल्हा जलेगा, तब पेट भरेगा,
लकड़ी लानेवाली बच्ची यह जानती है।
वह लकड़ी की उपयोगिता पहचानती है।
किताब की बातें, कब किस काम आती हैं?
स्कूल जानेवाली बच्ची
बिना समझे पढ़ जाती है।

और माँ के साथ भात पकाना
जो सचमुच गृह-कार्य में आते हैं,
होम-वर्क नहीं कहे जाते हैं।
लेकिन स्कूल से मिले पाठों के अभ्यास,
भले ही घरेलू काम के न हों,
होम-वर्क कहलाते हैं।

ऐसा कब होगा,
जब किताबें सचमुच के होम-वर्क (गृह-कार्य) से
जुड़ेंगी,
और लकड़ी बटोरनेवाली बच्चियाँ
भी ऐसी किताबें पढ़ेंगी?

6. जैसा मैं चाहती हूँ

—शुक्ला चौधरी

वे मुझे रोकते हैं
धूल में नहाने से
जैसे चिड़िया नहाती है,
वे हँसने भी नहीं देते
जी खोलकर
जैसे दुनिया के सभी
फूल हँसते हैं।
मुझे समझ में नहीं आता

वे क्या पढ़ाते हैं
उसमें न नदी होती, न पहाड़
न गीत गाते झरने।
मेरी नन्ही सी आँखों में
जो बसा है जंगल, उसमें
किसी भी पेड़ का
एक पत्ता छूकर नहीं देखा है
मेरे शिक्षक ने।
मैं चाहती तो हूँ पढ़ूँ, पर
शिक्षक मुझे वैसे नहीं पढ़ाते
जैसे मैं चाहती हूँ।

□

कुछ बालगीत

1. चंदा मामा

चंदा मामा दूर के
पूए पकाए गुड़ के।
आप खाए थाली में
मुन्ने को दे प्याली में।
प्याली गई फूट
मुन्ना गया रूठ।
लाएँगे नई प्यालियाँ
बजा-बजाकर तालियाँ।
चंदा मामा आजा
मुन्ने को मना जा।
दूध भरा है प्याली में
पानी भर दिया थाली में।

2. मछली जल की रानी है

मछली जल की रानी है।
जीवन उसका पानी है॥
हाथ लगाओ डर जाएगी।
बाहर निकालो मर जाएगी॥

3. भालूवाला

देखो भालूवाला आया,
काला काला भालू लाया।
डुग-डुग डुगिया बोली,
जमा हुई बच्चों की टोली।
भालू नाच दिखाएगा,
पैसे लेकर जाएगा।
नाच भालू नाच।

4. जरा पिला दो पानी

चींटी ने वह चाँटा मारा
गिरा उलटकर हाथी,
सरपट भागे गदहे-घोड़े
भागे सारे साथी।
धूल झाड़कर हाथी बोला—
माफ करो हे रानी,
अब न कभी लड़ने आऊँगा
जरा पिला दो पानी।

5. उल्टा अखबार

गदहे ने अखबार उलटकर
नजर एक दौड़ाई,
बोला-गाड़ी उलट गई है
गजब हो गया भाई!
बंदर हँसकर बोला—देखो,
उल्टा है अखबार,
इसीलिए उल्टी दिखती है
सीधी मोटरकार।

6. धम्मक-धम्मक

धम्मक-धम्मक आता हाथी,
धम्मक-धम्मक जाता हाथी।
अपनी सूँड़ उठाता हाथी,
अपनी सूँड़ गिराता हाथी।
अपनी पूँछ हिलाता हाथी,
धम्मक-धम्मक आता हाथी।
जब पानी में जाता हाथी,
भर-भर सूँड़ नहाता हाथी।
कितने केले खाता हाथी,
यह तो नहीं बताता हाथी।
धम्मक-धम्मक आता हाथी,
धम्मक-धम्मक जाता हाथी।

7. लालाजी गिरे धड़ाम

लालाजी ने केला खाया।
केला खाकर मुँह बिचकाया॥
छिलका फेंका बीच सड़क पर।
लालाजी फिर चले अकड़कर॥
जैसे आगे कदम बढ़ाया।
पाँव के नीचे छिलका आया॥
लालाजी फिर गिरे धड़ाम।
मुँह से निकला हाय राम॥

8. चल रे मटके टम्मक टूँ

हुए बहुत दिन बुढ़िया एक,
चलती थी लाठी को टेक।
उसके पास बहुत था माल,
जाना था उसको ससुराल।

मगर राह में चीते, शेर,
लेते थे राही को घेर।
बुढ़िया ने सोची तदबीर,
जिससे चमक उठे तकदीर।
मटका एक मँगाया मोल,
लंबा-लंबा गोल मटोल।
उसमें बैठी बुढ़िया आप,
वह ससुराल चली चुपचाप।
बुढ़िया गाती जाती यूँ,
चल रे मटके टम्मक टूँ।

9. एक चिड़िया, दो बिल्ली

एक चिड़िया आती है,
चूँ-चूँ गीत सुनाती है।
दो काली बिल्ली हैं,
दोनों जाती दिल्ली हैं।
तीन गिलहरी रानी हैं,
तीनों पीती पानी हैं।
चार चूहे राजा हैं,
मक्खन खाके ताजा हैं।
पाँच यहाँ खरगोश खड़े,
लंबी मूँछें कान बड़े।
छह लंगूर बड़े शैतान,
मारें थप्पड़ खींचें कान।
सात यहाँ पर रीछ अड़े,
छोटी पूँछ और कान खड़े।
आठ बंदर पेड़ चढ़े,
मस्त हवा में झूल रहे।
नौ रेहू मछली हैं,
अपने घर से निकली हैं।

दस बच्चों ने छेड़ी तान,
जय-जय प्यारा हिंदुस्तान।

10. मैं तो सो रही थी

मैं तो सो रही थी
मुझे बिल्ली ने जगाया
बोली म्याऊँ-म्याऊँ
मैं तो सो रही थी
मुझे कुत्ते ने जगाया
बोला—भों-भों-भों
मैं तो सो रही थी
मुझे चिड़िया ने जगाया
बोली—चीं चीं चीं
मैं तो सो रही थी
मुझे मुरगे ने जगाया
बोला—कुकड़ूँ-कू
मैं तो सो रही थी
मुझे कोयल ने जगाया
बोली—कुहू कुहू कुहू
मैं तो सो रही थी
मुझे अम्मा ने जगाया
बोली—उठ बेटी उठ
बोली—उठ बेटा उठ

11. अम्मा

अम्मा करती कितना काम,
चाहे सुबह हो, चाहे शाम।
कुछ-न-कुछ करती ही रहती,
सारे घर का बोझा सहती।

नहीं उसे मिलता आराम,
अम्मा करती कितना काम।
हम भी थोड़ा काम करेंगे,
अम्माजी की मदद करेंगे।
तब होंगे सब काम तमाम,
मिलेगा अम्मा को आराम।

□

राष्ट्रगान, राष्ट्रगीत और कुछ प्रार्थना

1. राष्ट्रगान

जन-गण-मन अधिनायक जय हे,
भारत-भाग्य-विधाता।
पंजाब, सिंध, गुजरात-मराठा,
द्राविड़-उत्कल-बंग।
विंध्य, हिमाचल, यमुना, गंगा,
उच्छल जलधि तरंग।
तव शुभ नामे जागे,
तव शुभ आशिष माँगे।
गाहे तव जय गाथा।
जन-गण मंगल दायक जय हे,
भारत भाग्य विधाता।
जय हे, जय हे, जय हे।
जय, जय, जय, जय हे।

2. राष्ट्रगीत

वंदे मातरम्! वंदे मातरम्!
सुजलां, सुफलां, मलयज शीतलाम्
शस्य श्यामलामं, मातरम्! वंदे मातरम्!
शुभ्र-ज्योत्सनां पुलकित यामिनीम्
फुल्ल कुसुमित द्रुमदल शोभिनीम्

सुहासिनीं, सुमधुर भाषिणीम्
सुखदां, वरदां मातरम्!
वंदे मातरम्! वंदे मातरम्!

3. बिहार गीत

मेरे भारत के कंठहार
तुझको शत्-शत् वंदन बिहार।
तू वाल्मीकि की रामायण
तू वैशाली का लोकतंत्र
तू बोधिसत्व की करुणा है
तू महावीर का शांति-मंत्र
तू नालंदा का ज्ञानदीप
तू ही अक्षत चंदन बिहार।
तू है अशोक की धर्मध्वजा
तू गुरुगोविंद की वाणी है
तू आर्यभट्ट, तू शेरशाह,
तू कुँअर सिंह बलिदानी है
तू बापू की है कर्मभूमि
धरती का नंदन वन बिहार।
तेरी गौरव गाथा अपूर्व
तू विश्वशांति का अग्रदूत
लौटेगा खोया स्वाभिमान
आज जाग चुके तेरे सपूत
अब तू माथे का विजय तिलक
तू आँखों का अंजन बिहार।
तुझको शत्-शत् वंदन बिहार।
मेरे भारत के कंठहार॥

4. बिहार राज्य प्रार्थना

मेरी रफ्तार पर सूरज की किरण नाज करे

ऐसी परवाज दे मालिक कि गगन नाज करे।
वह नजर दे कि करूँ कद्र हरेक मजहब की
वह मोहब्बत दे मुझे अम्नो अमन नाज करे।
मेरी खूशबू से महक जाए यह दुनिया मालिक
मुझको वह फूल बना सारा चमन नाज करे।
इल्म कुछ ऐसा दे मैं काम सबों के आऊँ
हौसला ऐसा ही दे गंग व जमन नाज करे।
आधे रास्ते पर न रुक जाए मुसाफिर के कदम
शौक मंजिल का हो इतना कि थकन नाज करे।
दीप-से-दीप जलाएँ कि चमक उठे बिहार
ऐसी खूबी दे ऐ मालिक कि वतन नाज करे।
जय बिहार, जय बिहार, जय जय जय बिहार

5. दया कर दान भक्ति का

दया कर दान भक्ति का, हमें परमात्मा देना
दया करना हमारी आत्मा में, शुद्धता देना।
हमारे ध्यान में आओ, प्रभो आँखों में बस जाओ
अँधेरे दिल में आकर के, परम ज्योति जगा देना।
बहा दो प्रेम की गंगा, दिलों में प्रेम का सागर
हमें आपस में मिल-जुलकर, प्रभो रहना सिखा देना।
हमारा धर्म हो सेवा, हमारा कर्म हो सेवा
सदा ईमान हो सेवा, वह सेवक जन बना देना।
वतन के वास्ते जीना, वतन के वास्ते मरना
वतन पे जाँ फिदा करना, प्रभो हमको सिखा देना।

6. हे प्रभो आनंददाता ज्ञान हमको दीजिए

हे प्रभो आनंददाता ज्ञान हमको दीजिए
शीघ्र सारे दुर्गणों को दूर हमसे कीजिए
लीजिए अपने शरण में हम सदाचारी बनें
ब्रह्मचारी धर्म रक्षक वीर व्रतधारी बनें।

निंदा हम किसी की भूल से भी न करें,
दिव्य जीवन हो हमारा, तेरे यश गाया करें
प्रेम से हम गुरुजनों की, नित्य ही सेवा करें
सत्य बोलें, झूठ त्यागें, मेल आपस में रहे।

7. तू ही राम है, तू रहीम है

तू ही राम है, तू रहीम है
तू करीम, कृष्ण, खुदा हुआ।
तू ही वाहे गुरु, तू यीशु मसीह
हर नाम में तू समा रहा।
तेरी जात पाक कुरान में
तेरा दरस वेद-पुराण में
गुरु-ग्रंथ जी के बखान में
तू प्रकाश अपना दिखा रहा।
तू ही राम है...
अरदास है, कहीं कीरतन
कहीं रामधुन, कहीं आवाहन
विधि-भेद का यह सब रचन
तेरा भक्त तुझको बुला रहा।
तू ही राम है, तू रहीम है
तू करीम, कृष्ण, खुदा हुआ।

8. अनेक रूप में एक

हर देश में तू, हर वेश में तू
तेरे नाम अनेक, तू एक ही है।
तेरी रंगभूमि, यह विश्व धरा
सब खेल में, मेल में, तू ही तो है॥
सागर से उठा बादल बनकर
बादल से गिरा जल होकर के।
फिर नहर बना, नदियाँ गहरी
तेरे भिन्न प्रकार, तू एक ही है॥

मिट्टी से अणु-परमाणु बना
तूने दिव्य जगत् का रूप लिया।
फिर पर्वत वृक्ष विशाल बना
सौंदर्य तेरा, तू एक ही है।

9. देश की माटी देश का जल

देश की माटी, देश का जल
हवा देश की, देश के फल
सरस बनें प्रभु, सरस बनें।

देश के घर औ देश के घाट
देश के वन औ देश के बाट
सरल बनें प्रभु, सरल बनें।

देश के तन औ देश के मन
देश के घर के भाई-बहन
विमल बनें प्रभु, विमल बनें।

देश की इच्छा, देश की आशा
काम देश के, देश की भाषा
एक बनें प्रभु, एक बनें।

देश की माटी, देश का जल
हवा देश की, देश के फल
सरस बनें प्रभु, सरस बनें।

10. प्रभु मेरा जीवन हो सुंदर

तन हो सुंदर, मन हो सुंदर
प्रभु मेरा जीवन हो सुंदर

जगना सुंदर, सोना सुंदर
घर का कोना, कोना सुंदर

प्रभु मेरा आँगन हो सुंदर
तन हो सुंदर, मन हो सुंदर

कपड़े सुंदर, खाना सुंदर
वाणी सुंदर, गाना सुंदर
प्रभु मेरा बचपन हो सुंदर
तन हो सुंदर, मन हो सुंदर
दिन हो सुंदर, रातें सुंदर
सब हों मेरी बातें सुंदर
प्रभु मेरा क्षण-क्षण हो सुंदर
प्रभु मेरा जीवन हो सुंदर

11. मन विजय करें

हमको मन की शक्ति देना मन विजय करें,
दूसरों की जय से पहले खुद की जय करें।
भेद-भाव अपने दिल से साफ कर सकें,
दोस्तों से भूल हो तो माफ कर सकें।
झूठ से बचे रहें, सच का दम भरें,
दूसरों की जय¨ ॥
मुश्किलें पड़ें तो हम पर इतना करम कर,
साथ दें तो धर्म का, चलें तो धर्म पर।
खुद पर हौसला रहे, बदी से ना डरें,
दूसरों की जय¨ ॥

12. इतनी शक्ति हमें देना दाता

इतनी शक्ति हमें देना दाता,
मन का विश्वास कमजोर हो ना।
हम चलें नेक रस्ते पे हमसे,
भूलकर भी कोई भूल होना॥
दूर अज्ञान के हो अंधेरे,
तू हमें ज्ञान की रोशनी दे।
हर बुराई से बचते रहें हम,
जितनी भी दे भली जिन्दगी दे।

बैर हो न किसी का किसी से,
भावना मन में बदले की होना॥
हम न सोचें हमें क्या मिला है,
हम ये सोचें किया क्या है अर्पण।
फूल खुशियों के बाँटे सभी को,
सब का जीवन ही बन जाये मधुबन।
अपनी करुणा का जल तू बहा के,
कर दे पावन हर एक मन का कोना॥

□□□